INTERNACIONALIZAÇÃO

DE COMPETÊNCIAS TECNOLÓGICAS

Norlela Ariffin e Paulo N. Figueiredo

INTERNACIONALIZAÇÃO

DE COMPETÊNCIAS TECNOLÓGICAS

Implicações para estratégias governamentais e empresariais de inovação e competitividade da indústria eletrônica no Brasil

FUNDAÇÃO GETULIO VARGAS
ISAE
Instituto Superior de Administração e Economia

FGV
EBAPE

FUCAPI

CIEAM
CENTRO DA INDÚSTRIA DO ESTADO DO AMAZONAS

FGV
EDITORA

ISBN — 85-225-0417-2

Direitos desta edição reservados à
EDITORA FGV
Praia de Botafogo, 190 — 14º andar
22253-900 — Rio de Janeiro — Brasil
Tels.: 0800-21-7777 — 0-XX-21-2559-5543
Fax: 0-XX-21-2559-5532
e-mail: editora@fgv.br
web site: www.editora.fgv.br

Impresso no Brasil / *Printed in Brazil*

1ª edição — 2003

Revisão de Originais: Newmar Pereira Vieira

Revisão: Aleidis de Beltran e Fatima Caroni

Capa: Ricardo Bouillet e Sergio de Carvalho Filgueiras

Ficha catalográfica elaborada pela Biblioteca
Mario Henrique Simonsen/FGV

Ariffin, Norlela.
Internacionalização de competências tecnológicas : implicações para estratégias governamentais e empresariais de inovação e competitividade da indústria eletrônica no Brasil / Norlela Ariffin, Paulo N. Figueiredo. — Rio de Janeiro : Editora FGV, 2003.
172p.

Inclui bibliografia.

1. Empresas — Inovações tecnológicas. 2. Aprendizagem organizacional. 3. Indústria eletrônica — Manaus. I. Figueiredo, Paulo César Negreiros de. II. Fundação Getulio Vargas. III. Título.

CDD — 658.406

Sumário

Índice de quadros

Índice de tabelas

Lista de figuras

Agradecimentos

Queremos agradecer à Escola Brasileira de Administração Pública e de Empresas (Ebape) da Fundação Getulio Vargas (FGV), em especial ao seu diretor, professor Bianor Scelza Cavalcanti, pelo valioso encorajamento à realização deste trabalho. Agradecemos ainda à professora Deborah Moraes Zouain, chefe do Centro de Formação Acadêmica e Pesquisa (CFAP) da Ebape, pelo apoio à realização deste estudo. Somos gratos também às instituições patrocinadoras, em particular a Maurício Loureiro, do Centro das Indústrias do Estado do Amazonas (Cieam), Erno Paulinyi (*in memoriam*) e Isa Assef, da Fundação Centro de Análise, Pesquisa e Inovação Tecnológica (Fucapi), pelo apoio prestado ao projeto. Gostaríamos de estender o agradecimento a Rose Menezes (Fucapi), que pacientemente nos ajudou na tarefa de programação de várias visitas às empresas pesquisadas.

Especial agradecimento ao professor Irapoan Cavalcanti, diretor-geral do Instituto de Administração e Economia (Isae) da FGV, ao superintendente Lincoln Campos e aos diretores Rosa Pontes, Yêdda Maia e Eduardo Giraldez, cujo apoio e atenção permanentes foram cruciais para o sucesso da execução do trabalho de campo desta pesquisa e a materialização deste livro. Lembramos também que a colaboração dos funcionários do Isae/FGV foi imprescindível para a operacionalização diária do projeto.

Gostaríamos de expressar nossa profunda gratidão às empresas que participaram do trabalho de campo para esta pesquisa, especialmente aos seus diretores, gerentes, engenheiros e técnicos, cuja paciência e atenção com que nos receberam em suas empresas foram fundamentais para a concretização deste trabalho.

Somos imensamente gratos à Superintendência da Zona Franca de Manaus (Suframa), em particular aos superintendentes Antônio Sérgio de Mello e Ozías Monteiro Rodrigues, pelo interesse demonstrado em relação a este estudo e pelo apoio prestado para a apresentação pública tanto dos resultados preliminares — em novembro de 2000 —, quanto dos resultados finais do estudo, em novembro de 2001.

Gostaríamos ainda de expressar nossa especial gratidão a Martin Bell, do SPRU — Science and Technology Policy Research da Universidade de Sussex, Reino Unido, por ter contribuído para unir nossos esforços objetivando a realização dessa pesquisa, pelos seus comentários encorajadores sobre sua conclusão e por ser nosso permanente mentor na busca de novas explicações sobre o desenvolvimento tecnológico em países de industrialização recente.

Durante as etapas de produção deste livro contamos com a excelente equipe da Editora FGV. Em particular, somos muitos gratos a Cristina Mary Paes da Cunha, a Simone Ranna e a Maria Izabel Penna Buarque de Almeida, cuja dedicação e experiência nos deram a certeza de um produto final de alta qualidade.

Por fim, ressaltamos que as opiniões e quaisquer erros ou omissões são de nossa inteira responsabilidade. Com o intuito de aprimorarmos nossos futuros trabalhos, apreciaríamos receber comentários e sugestões dos leitores.

Prefácio

Na história humana, a assimilação da tecnologia tem sido de fundamental importância para a elevação dos padrões de vida das nações, e, nestes últimos anos, com a crescente facilidade de comunicação, aumentaram as vantagens do acesso a tecnologias avançadas pelos países em desenvolvimento.

O conhecimento humano é, assim, a base do poder econômico, uma vez que a capacidade de uma nação gerar e absorver de modo eficiente informações úteis ao esquema produtivo determina o seu posicionamento na escala de competitividade junto a outras nações.

É importante ressaltar que nenhum país depende totalmente de tecnologia estrangeira, como também nenhuma nação é tecnologicamente autônoma. O grau ótimo de dependência tecnológica depende do setor considerado e da época.

A tecnologia é o método de fazer ou saber como fazer as coisas. A utilização do método exige três elementos básicos: informação sobre o modo, o meio de empregá-lo e certa compreensão do mesmo. A informação e o meio de empregá-lo podem ser transferidos, enquanto a compreensão só pode ser assimilada mediante estudos e experiências.

A tecnologia tem características de utilidade pública, no sentido de que, uma vez produzida, não é esgotada. Pelo fato de ser produzida por terceiros, costuma-se pressupor que o custo da transferência da tecnologia é nulo e que seus usos adicionais não lhe diminuem o valor. A base dessas premissas, o bem-estar geral, poderia ser otimizada se todos os usuários em potencial tivessem acesso gratuito à tecnologia.

Sobre este argumento é que se fundamentam as reivindicações dos países em desenvolvimento em relação ao acesso gratuito à tecnologia dos países desenvolvidos. A difusão gratuita, porém, aliena antecipadamente mercados que o criador da tecnologia pode ter servido e, assim, desestimularia os esquemas de desenvolvimento e a inovação tecnológica.

Os professores Norlela Ariffin e Paulo Figueiredo, com o apoio da Ebape e do Isae-Amazônia, da Fundação Getulio Vargas, realizaram uma extensa pesquisa de campo e, com base nos resultados encontrados, argumentam, com muita clareza e competência, contra generalizações a respeito do desenvolvimento tecnológico em nações emergentes, em especial no setor de eletrônica na área de Manaus, lançando novas evidências ao debate sobre o desenvolvimento tecnológico no Brasil.

M. F. Thompson Motta
Vice-presidente da Fundação Getulio Vargas

Introdução

Este livro é resultado do projeto de pesquisa sobre capacitação tecnológica e inovação na indústria eletrônica em Manaus, implementado no âmbito do Programa de Pesquisa em Aprendizagem Tecnológica e Inovação Industrial no Brasil, da Escola Brasileira de Administração Pública e de Empresas (Ebape) da Fundação Getulio Vargas (FGV). Criado no quarto trimestre de 1999 e, desde então, sob a direção do professor Paulo N. Figueiredo, esse programa reflete o esforço da Fundação Getulio Vargas, através da Ebape e do Instituto de Administração e Economia (Isae), em contribuir para o desenvolvimento industrial e econômico do Brasil. Especificamente, por meio desse programa a Ebape/FGV acredita que a competitividade internacional e o crescimento da economia brasileira dependem, cada vez mais, da capacidade das empresas de criarem suas próprias competências técnicas, organizacionais e gerenciais, a fim de garantir inovação contínua de produtos e serviços para os mercados interno e mundial.

O livro se destina aos que têm interesse pela dinâmica da capacitação tecnológica e da inovação industrial, particularmente no Brasil. Esperamos que as evidências e explicações aqui contidas possam auxiliar dirigentes de empresas e gestores governamentais em suas decisões sobre a implementação de estratégias voltadas para o aumento da competitividade internacional da indústria brasileira, particularmente, a eletrônica.

O projeto de pesquisa que deu origem a este livro contou com o envolvimento decisivo do Isae/FGV, em Manaus, associado ao Centro das Indústrias do Estado do Amazonas (Cieam) e à Fundação Centro de Análise, Pesquisa e Inovação Tecnológica (Fucapi).

O texto enfoca a internacionalização/disseminação de competências tecnológicas inovadoras de empresas de países industrializados para empresas que operam em economias de industrialização recente (ou emergentes), especialmente, na indústria eletrônica de consumo no Brasil.

Por estar centrada em empresas que operam em economias emergentes, nossa análise difere da adotada na maioria dos estudos recentes sobre "conhecimento" e "competências" em empresas de tecnologia de ponta, onde já existe capacidade de inovação tecnológica. Entretanto, as indústrias e empresas que operam em economias emergentes começam o seu negócio a partir da tecnologia adquirida de outras empresas em outros países. Assim, no início, há falta, mesmo, de capacidade tecnológica básica. Dessa forma, para tornarem-se competitivas e alcançarem as empresas de tecnologia de ponta, as indústrias e empresas que atuam em economias emergentes têm, primeiramente, que adquirir conhecimentos para criar e expandir sua própria capacidade tecnológica. Em outras palavras, têm que se engajar num processo de "aprendizagem" tecnológica; e nesse sentido, o termo "aprendizagem" se reveste de dois significados.

O primeiro refere-se à trajetória ou ao rumo tomado pela acumulação de capacidade tecnológica. Essa trajetória pode mudar com o tempo, acumulando tecnologia em diversas direções e a velocidades diferentes. O segundo significado diz respeito aos vários processos de aprendizagem que permitem a uma empresa criar e acumular sua própria capacidade tecnológica. É nesse sentido que entendemos aqui o termo aprendizagem. Portanto, daqui por diante, devemos considerá-lo o processo que permite à empresa acumular capacidade tecnológica ao longo do tempo. Por capacidade tecnológica devemos entender os recursos necessários para produzir e administrar inovações nos processos, na organização da produção, no sistema organizacional, nos produtos, nos equipamentos, bem como nos projetos de engenharia. Tais recursos são acumulados e assimilados pelos indivíduos (conhecimento e experiência) e incorporados nas rotinas, nos procedimentos e pelo sistema organizacional da empresa (Bell & Pavitt, 1995; Figueiredo, 2001).[1] É importante acrescentar que "inovação" é aqui entendida de maneira compreensiva e, por isso, envolve atividades de adaptação, imitação, experimentação, desenho e também de desenvolvimento e pesquisa relativas a diversas áreas e tipos de atividade tecnológica na empresa, tanto sob uma dimensão técnica quanto organizacional (Dosi, 1988; Lall, 1992; Bell & Pavitt, 1995).

Por isso, com o intuito de contribuir para um avanço substancial no debate relativo à inovação na indústria eletrônica brasileira, particularmente em Manaus, este livro visa apresentar novas evidências e explicações sobre o desenvolvimento de competências tecnológicas em empresas da indústria eletrônica dessa região. Mais especificamente, pretende mostrar os níveis e tipos de competências tecnológicas desenvolvidos pelas empresas, bem como as suas implicações para as atividades inovadoras.

O livro está organizado em cinco capítulos. Após um primeiro capítulo introdutório ao tema da internacionalização das competências tecnológicas, o capítulo 2 traça um breve panorama do Pólo Industrial de Manaus. Paralelamente, descreve de modo sucinto o desenvolvimento da indústria eletrônica na Malásia. O objetivo é permitir uma comparação aproximada entre Manaus e outro contexto industrial, e a partir daí formular recomendações práticas. O capítulo 3 trata do desenho e da implementação da pesquisa subjacente a este livro, bem como dos modelos analíticos nela utilizados. No capítulo seguinte, são apresentados os resultados gerais do estudo sobre a capacitação tecnológica e os principais fatores aí influentes, em especial, os processos de aprendizagem que contribuíram para esse desenvolvimento. Finalmente, o capítulo 5 sistematiza as implicações para estratégias governamentais e empresariais.

[1] Este livro não faz distinção entre os termos "competência" e "capacidade" tecnológica.

Capítulo 1

Internacionalização de competências tecnológicas

O debate internacional sobre a disseminação (ou não) de atividades tecnológicas inovadoras no contexto de países e/ou áreas em desenvolvimento não é novo. Contrariando certas afirmações sobre a inexistência de atividades tecnológicas inovadoras em empresas de países em desenvolvimento, uma nova perspectiva, que emergiu a partir de meados da década de 1970, passou a enfocar as mudanças ao longo do tempo na tecnologia e como as empresas implementam tais mudanças (Stewart & James, 1982).

Essa perspectiva influenciou a emergência de um pioneiro conjunto de estudos empíricos sobre o desenvolvimento de competências tecnológicas e inovação em empresas da Ásia e América Latina. Na América Latina, grande parte dos estudos foi implementada sob o Programa de Pesquisa em Ciência e Tecnologia (Cepal/Pnud), e alguns desses estudos estão sumariados em Katz (1987). A maioria dos estudos sobre a Ásia foi implementada sob o projeto de pesquisa denominado Aquisição de Competência Tecnológica, do Banco Mundial, mais tarde sumariado na edição especial de *World Development* (1984). Alguns poucos estudos foram implementados na África (por exemplo, Mlawa,

1983).[2] O mérito desses estudos foi ter revelado diversos tipos de atividades inovadoras em empresas manufatureiras na América Latina e Ásia. Essas atividades estavam associadas a diferentes e inovadores tipos de capacitação tecnológica e também a esforços internos de aprendizagem. Entretanto, uma das limitações desses estudos foi ter enfocado demasiadamente os aspectos técnicos da capacitação tecnológica, isto é, capacitações para adaptações e inovações em sistemas físicos, máquinas, equipamentos de grande porte e atividades correlatas. Muito pouco foi examinado em termos de técnicas de gestão, formas de organização das plantas e da empresa, fluxos de comunicação entre áreas funcionais; em outras palavras, as dimensões organizacionais e gerenciais da competência tecnológica não foram examinadas.

Durante os anos 1980, houve uma profusão de estudos sobre inovações organizacionais e gerenciais em empresas de manufatura como, por exemplo, introdução de técnicas de gestão como *total quality management* (TQM), *just-in-time* (JIT), *5S* e outras. A introdução dessas inovações organizacionais aconteceu não apenas no Brasil, mas refletiu um processo de reestruturação industrial que ocorreu em escala mundial. Uma das razões foi a disseminação de técnicas baseadas em princípios orientais de gestão, particularmente os do Japão. Esse movimento atingiu não apenas empresas de países industrializados como os EUA, mas principalmente, empresas de países em desenvolvimento. Nesses países começava um intenso processo de liberalização da economia, abertura à competição internacional e privatização de diversas empresas. O mérito desses estudos foi dar forte ênfase aos aspectos organizacionais da tecnologia. Porém, esses aspectos eram normalmente examinados de maneira isolada, sem integrá-los aos aspectos técnicos. Outra limitação é que os estudos examinaram técnicas de gestão apenas num ponto no tempo; não tinham o dinamismo daqueles estudos pioneiros da década de 1970.

[2] Revisões profundas e críticas sobre esses estudos são encontradas em Dutrénit (2000) e Figueiredo (2001)

Essas limitações só foram superadas a partir de meados dos anos 1990, quando apareceram novos estudos que deram um substancial passo à frente, ao examinar o desenvolvimento de competências tecnológicas de maneira compreensiva e ao longo da vida das empresas, isto é, de maneira dinâmica. Além disso, os estudos enfocaram os processos de aprendizagem de maneira também compreensiva, ou seja, não apenas os processos que trazem o conhecimento tecnológico de fora para dentro da empresa, mas também como esse conhecimento individual é transformado em competências inovadoras (Kim, 1997, 1998; Dutrénit, 2000).

Recentemente, foram desenvolvidos e aplicados modelos analíticos que permitem examinar como os processos de aprendizagem tecnológica influenciam diferenças entre empresas do mesmo setor industrial, em termos de acumulação de competências tecnológicas e aprimoramento da performance técnico-econômica (Figueiredo, 2001). Esses estudos têm contribuído para consolidar a literatura sobre o desenvolvimento de competências tecnológicas inovadoras em empresas que operam economias emergentes, através da sistematização de evidências empíricas e explicações à luz de modelos analíticos consistentes e inovadores.

1.1 A outra vertente do debate

Há um outro grupo de autores que debate, assim como nós o fazemos neste livro, a internacionalização de competências tecnológicas em indústrias que funcionam (em sua maior parte) ligadas a empresas transnacionais (ETNs) cujas operações, através de suas subsidiárias, têm forte presença internacional, como é o caso da indústria eletrônica. As operações desse tipo de empresa em países em desenvolvimento significam investimento estrangeiro direto — ou *foreign direct investment* (FDI).

Esse tipo de debate envolve duas principais perspectivas. A primeira considera que dificilmente ocorre a internacionalização de competências (Vernon, 1966; Pavitt & Patel, 1991; Patel, 1995; Daniels, 1997). A segunda perspectiva é a de que a internacionalização ocorre dependendo do local e da situação dos países ou áreas hospedeiras das empresas transnacionais e dos tipos de produtos (Mansfield et alii, 1979; Cantwell, 1995, 1999; Mansfield & Romeo, 1984; Dunning, 1994a,b; Zander, 1994, 1997; Granstand et alii, 1993). Porém, ambas as perspectivas têm aferido competências tecnológicas à base de patentes, sendo primariamente baseadas em número de patentes, estatísticas de pesquisa e desenvolvimento (P&D) e em dados macroeconômicos. Além disso, a análise relacionada à internacionalização da competência inovadora enfoca exclusivamente ETNs e as maiores e mais inovadoras empresas do mundo, juntamente com suas afiliadas nos países industrializados (Patel, 1995; Pavitt & Patel, 1991; Mansfield et alii, 1979; Dunning, 1994a e 1994b; Cantwell, 1995; Zander, 1994, 1997; Patel & Vega, 1999). Essa análise ignora o processo de internacionalização em empresas locais em contextos de industrialização recente, em empresas fornecedoras, bem como em subsidiárias de ETNs que operam em países emergentes. Mesmo quando as subsidiárias de ETNs são incluídas nessa análise, elas seriam classificadas como tendo quase nada em termos de desenvolvimento de competências inovadoras (Ghoshal & Bartlett, 1987).

Entretanto, considerando que empresas nos países em desenvolvimento começam suas atividades sem competências inovadoras básicas para conduzir atividades que produzam fluxos externos de inovação, seria mais útil levar em conta o ponto inicial das empresas e analisar como elas se deslocam de uma categoria para outra em termos de atividade inovadora. Isso refletiria as reais mudanças realizadas por essas empresas ao longo do tempo para construírem suas próprias competências tecnológicas. Por isso, estudos e *surveys* focados num determinado momento não conseguem apreender as mudanças e os processos de aprendizagem ocorridos ao longo do tempo para que competências tecnológicas sejam construídas nas empresas, particularmente, em economias emergentes.

De fato, o processo de aprendizagem tecnológica, especialmente em empresas de economias emergentes, pode ocorrer com empresas-mãe, clientes, fornecedores, ou parceiros de *joint-ventures*. Porém, apesar da literatura (Herbert-Copley, 1990) reconhecer que nas economias emergentes as empresas são crescentemente forçadas a manter o foco além de suas próprias operações e procurar arranjos colaboradores, é importante observar que tais arranjos têm por objetivo somente a implementação de projetos avançados de P&D e de alta tecnologia, não a aprendizagem visando inovar. Por exemplo, estudos relacionados a aprendizagem dentro da rede de ETNs (Prahalad & Doz, 1987; Gupta & Govindarajan, 1994; Fleetwood & Molleryd, 1992; Clark & Wheelwright, 1993; De Meyer, 1993) enfocam subsidiárias que estão localizadas nos países mais desenvolvidos da Europa, no Japão e nos EUA, onde competências tecnológicas estão substancialmente disponíveis. Similarmente, Ostry e Gestrin (1993) também concluem que nos países em desenvolvimento, provavelmente, as empresas pouco se engajam em atividades inovadoras na rede da ETN. Portanto, assim como a literatura sobre parcerias estratégicas e alianças (Ring & van de Van, 1992; George, 1995; Hagedoorn, 1993), esses estudos não prestam atenção alguma ao papel desempenhado pelo relacionamento entre subsidiárias e empresas-mãe (ou entre subsidiárias), nos processos de aprendizagem para criar a capacitação inovadora em subsidiárias estrangeiras.

É importante acrescentar que estudos sobre vínculos interorganizacionais relativos ao processo de inovação — tais como os de Lundvall (1988, 1992) sobre a interação "usuário-produtor", Raffa e Zollo (1994) sobre relações "dentro-fora" de empresas, bem como os de Gupta e Govindarajan (1994) e Fleetwood e Molleryd (1992) sobre fluxos de conhecimento entre empresas-mãe, subsidiárias e atividades de desenvolvimento técnico — presumem a presença de competências internas à empresa como a base para as interações ocorrerem. Conseqüentemente, enquanto esses estudos são relevantes para o contexto de países industrializados, onde aquelas competências tecnológicas já foram substancialmente criadas e acumuladas na indústria, eles têm menor relevância no contexto de países de industrialização recente ou em desenvolvimento, como a Malásia e o Brasil — e áreas em desenvolvimento, como Manaus — onde, como um grande componente do processo de industrialização tardia, competências inovadoras significativas ainda precisam ser construídas e acumuladas. Por isso, essas questões não têm sido examinadas de maneira compreensiva e sistemática. Além disso, uma vez que velhas teorias como a de Vernon (1966)[3] e opiniões desinformadas não examinam essas questões, há brechas deixadas abertas para a continuada aceitação de velhos tipos de generalizações. Como resultado, velhas idéias continuam a ser usadas para política industrial. Isto parece ser o caso da indústria eletrônica na Malásia e no Brasil, particularmente em Manaus.

Existem generalizações em nível nacional — e, portanto, mais regionalizadas em relação às anteriores — que parecem resultar da escassez de estudos que enfoquem a acumulação de competências tecnológicas na indústria eletrônica. Tais generalizações têm sido freqüentes na abordagem do desenvolvimento tecnológico na Malásia e no Brasil, especialmente em Manaus.

1.2 Generalizações sobre o desenvolvimento tecnológico na Malásia: breve nota

Um dos argumentos mais comuns em relação ao desenvolvimento tecnológico na Malásia, é que empresas-mãe de ETNs controlam as tecnologias de mais alto valor adicionado do estágio de produção, enquanto as suas subsidiárias estão envolvidas apenas com operações intensivas em mão-de-obra e na montagem final dos produtos, acumulando muito pouco ou nenhuma competência tecnológica inovadora. Esse argumento está refletido em muitos estudos (Ali, 1992; Guyton, 1994; Danaraj & Chan, 1993; Yamashita, 1991). Por outro lado, uma perspectiva diferente tem sido sugerida por alguns estudos nos últimos dois ou três anos. Por exemplo, que desde os anos 1980, subsidiárias de ETN têm aumentado significativamente seus níveis de inovação e a produtividade (Ali & Wong, 1993). Nesse sentido, um es-

[3] Não obstante, no que concerne ao clássico trabalho de Vernon, reconhecemos que em 1979, num artigo publicado no *Oxford Economic Papers*, ele discutiu o desenvolvimento de competências inovadoras em países que não os EUA. Além disso, em seu artigo de 1966 ele previu — contrariando a ortodoxia então predominante — o desenvolvimento da produção em massa em países de baixa renda.

tudo do Programa das Nações Unidas para o Desenvolvimento (Pnud) sobre subsidiárias na área de Penang constatou um alto nível tecnológico no processo produtivo, particularmente em subsidiárias dos EUA no setor de semicondutores (UNDP, 1994), ainda que esses estudos não tenham enfocado o desenvolvimento de competências tecnológicas. Somente a partir de estudos como os de Ariffin e Bell (1999) e Ariffin (2000) é que avanços substanciais foram feitos na formulação de novas explicações, baseados em extensiva pesquisa empírica apoiada em consistentes modelos analíticos que argumentam contra aquelas generalizações comuns.

1.3 Indústria eletrônica no Brasil: o (velho) debate sobre Manaus

A indústria eletrônica brasileira surgiu por volta do final da década de 1960, no contexto de um processo de industrialização ligado à política de substituição de importações e de um mercado altamente protegido. Tal fenômeno verificou-se também em outros países latino-americanos, como Argentina e México, e em países asiáticos, como Coréia do Sul, Índia e Malásia.

Nessa época, havia no Brasil cerca de 20 empresas produzindo aparelhos de televisão, sendo três delas estrangeiras; e várias empresas transnacionais (ETNs) tinham começado a transferir suas fábricas para países em desenvolvimento. Paralelamente, os governos desses países começaram a oferecer vários tipos de incentivos para atrair filiais das ETNs. Conseqüentemente, criaram-se na Ásia e na América Latina várias zonas francas de exportação.

Seguindo essa tendência, a Zona Franca de Manaus foi oficialmente estabelecida em 1967; sendo, em 1972, transformada em pólo industrial administrado pela Superintendência da Zona Franca de Manaus (Suframa). Diferentemente das experiências levadas a cabo em outros países, sobretudo na Ásia, o Pólo Industrial de Manaus destinava-se a abastecer o mercado interno. A idéia de criação desse pólo industrial tinha por objetivo promover o desenvolvimento da região amazônica, em retração desde o declínio do ciclo da borracha, no começo do século XX (Tigre, 1988).

A Zona Franca de Manaus foi criada pela Lei nº 3.173, de 6 de junho de 1957. Dez anos depois, o Decreto-lei nº 2.888, de 28 de fevereiro de 1967, estabeleceu os incentivos fiscais — por um período de mais de 30 anos — para a criação de um pólo industrial, comercial e agrícola numa área de 10.000km^2 em Manaus. Tal iniciativa também visava integrar a região amazônica ao resto do Brasil. Nos últimos 30 anos, o Pólo Industrial de Manaus passou por três fases distintas, como se vê no quadro1.1.

Quadro 1.1

Principais fases do Pólo Industrial de Manaus

Fases	Principais fatos
Fase 1: 1967-76.	Início da atividade industrial em setembro de 1968.
	Predomínio das atividades comerciais.
Fase 2: fins da década de 1970 a princípios da década de 1990.	Fixação de um índice mínimo de nacionalização para os produtos fabricados em Manaus e comercializados em outras partes do Brasil.
	Fixação de um limite máximo para as importações anuais.
Fase 3: a partir de 1991.	Implementação da Nova Política Industrial e de Comércio Exterior.

Fonte: *Conjuntura Econômica*, ago. 2000.

Inicialmente, a operacionalização da Zona Franca de Manaus baseou-se na concessão de incentivos fiscais para componentes importados (Ato nº 288/1967). Todavia, argumenta-se que essa ausência de restrições às importações incentivou as empresas a montarem fábricas no local, apenas para proceder à montagem de kits importados

(Baptista, 1988) ou à manufatura *semi-knocked down* (SKD).[4] A julgar por esse argumento, a criação da Zona Franca de Manaus teve conseqüências negativas para o desenvolvimento tecnológico da indústria, que vinha produzindo componentes e bens intermediários para o setor eletrônico no Brasil, na medida em que desmantelou as equipes de P&D. Mais precisamente, no tocante ao segmento de TV em cores, os defensores dessa tese chegam mesmo a afirmar que "a criação da Zona Franca de Manaus resultou no abandono de projetos que tinham sido desenvolvidos pelos laboratórios das empresas e produzidos com índices consideravelmente mais elevados de componentes nacionais do que aqueles que passaram a ser praticados após o estabelecimento da Zona Franca (...) destruindo-se assim todo um processo de desenvolvimento tecnológico nacional acumulado" (Baptista, 1988:312). Contudo, tal argumentação não oferece evidência empírica adequada para se avaliar nem o grau desse desenvolvimento tecnológico nem o impacto de sua destruição.

Por volta de 1977, implementaram-se novas ações governamentais visando restringir as importações feitas pelas empresas da Zona Franca, através do estabelecimento de cotas de importação e de índices mínimos de nacionalização dos componentes (Baptista, 1988). Conseqüentemente, as indústrias eletrônicas locais foram obrigadas a abrir os kits importados e nacionalizar alguns componentes; em outras palavras, tiveram que passar à manufatura *complete knocked down* (CKD).[5] Contudo, como afirmou Baptista (1988:313-14), tais medidas não produziram nenhuma modificação nas características das atividades tecnológicas em Manaus, visto que "as empresas continuaram procedendo à simples montagem, caracterizada por um alto grau de dependência tecnológica".

Tais argumentos parecem refletir uma visão pessimista e negativa a respeito do desenvolvimento tecnológico na indústria eletrônica da Zona Franca. Esse tipo de argumentação provavelmente não

---

[4] Trata-se de placas montadas para posterior conexão no processo de fabricação.

[5] Trata-se de placas com os componentes desagregados.

leva em conta o empenho de certas empresas em criar as primeiras etapas de seu próprio processo de capacitação tecnológica. Embora datem do final da década de 1980, tais estudos não procuraram nem mesmo traçar a trajetória da acumulação de capacidade tecnológica no período que vai do início dos anos 1970 ao final dos anos 1980.

Na década de 1990, a inexistência de estudos a respeito do desenvolvimento da capacidade tecnológica em Manaus deu margem a certas generalizações sobre as atividades tecnológicas naquela região, sem uma adequada fundamentação empírica. Aparentemente, isso reflete uma visão negativa e muito difundida acerca do desenvolvimento tecnológico das indústrias estabelecidas nos países e/ou áreas em desenvolvimento, das quais Manaus é um exemplo. Como dito anteriormente, considera-se que as filiais estrangeiras e as empresas locais têm pouca ou nenhuma capacidade inovadora independente. Por exemplo, é comum afirmar-se que o Pólo Industrial de Manaus, em particular a indústria eletrônica, não passa de um conjunto de fábricas "maquiladoras" que se limitam à simples montagem, somente, para se aproveitar dos benefícios fiscais. Perspectiva semelhante parece estar refletida no argumento de que o Pólo Industrial de Manaus, em vez de servir como zona exportadora, funciona como "um entreposto onde se montam produtos para serem vendidos no mercado interno, à base de isenções e incentivos fiscais que representam um pesado ônus para o Tesouro Nacional e uma concorrência desleal com outros estados brasileiros" (*Forbes Brasil*, 25-10-2000, p. 64). Embora seja razoável esperar mais exportações de Manaus, parece prematuro defender esse argumento sem o respaldo de estudos empíricos criteriosos sobre as atividades industriais da região, especialmente, sobre a indústria eletrônica.

Não obstante, entre os poucos estudos sobre a indústria eletrônica em Manaus que surgiram nos anos 1990, Frischtak e co-autores (1994) apresentam uma visão mais positiva ao sugerir a existência de competência industrial atualizada. Mas isso é mencionado apenas de passagem, aparentemente com base em umas poucas visitas feitas a algumas empresas. Além disso, Frischtak e co-autores (1994) não chegam a explicar, com base em modelos analíticos apropriados, os tipos e os níveis de capacidade tecnológica desenvolvidos naquela indústria.

Capítulo 2

A indústria eletrônica em Manaus e na Malásia: um breve panorama

2.1 Indústria eletrônica em Manaus: principais características

O Pólo Industrial de Manaus consiste em cerca de 16 diferentes setores industriais. Em 1990, o pólo registrou um faturamento de US$8,3 bilhões, cifra que aumentou para US$10,3 bilhões em 2000 (ou seja, um crescimento anual de 1,9% em média). Em 1990, a indústria eletrônica teve um faturamento de US$5,64 bilhões, isto é, 66,8% do faturamento total do pólo. Em 2000, esse montante apresentou uma pequena redução, caindo para US$4 bilhões. O decréscimo da participação da indústria eletrônica no faturamento total do pólo pode estar associado ao aumento da participação dos setores de informática e de veículos de duas rodas nesse mesmo faturamento. Contudo, a indústria eletrônica ainda tem a maior participação no faturamento total, como mostram mais detalhadamente as tabelas 2.1 e 2.2 e a figura 2.1. Esse faturamento provém da venda de linhas de produtos relativamente diversificadas, que vão de TVs coloridas a CDs e aparelhos de ar condicionado, entre outros produtos, tal como mostra a tabela 2.3.

Cerca de 95% desses produtos são comercializados no mercado interno brasileiro. As exportações são limitadas e, somente em 2000, alcançaram o nível de 5%. Todavia, considerando o pólo industrial como um todo, os maiores exportadores são os setores de bebidas e de veículos de duas rodas. Além disso, mesmo dentro da indústria eletrônica, vale mencionar que uma das empresas da amostra dessa pesquisa vem exportando cerca de 50% de sua produção desde 1996, ao passo que outras só começaram a exportar em 1999. Contudo, a ênfase no mercado interno é uma característica marcante da indústria eletrônica em Manaus, como se vê nas figuras 2.2 e 2.3 e na tabela 2.4.

Tabela 2.1

Proporção de cada setor no faturamento total do Pólo Industrial de Manaus

(%)

Produtos	1990	1991	1992	1993	1994	1995	1996	1997	1998	1999	2000	2001
Eletrônicos	66,8	66	61,9	60,7	61	64	62	57	47,8	39,3	39,4	36,8
Bens de informática	0,6	1,1	2,6	3,9	3,5	3,8	4,5	4,1	7,0	15,4	17,9	17,5
Relógios	4,5	4	3,8	4,1	3,7	3,3	2,5	2,6	2,8	2,5	1,8	1,6
Duas rodas	8,7	7,5	7,2	6	8,6	8,4	9,3	14,2	16,7	14,9	15,2	17,1
Termoplásticos	2,2	2,1	2,5	2,3	2,1	2,1	2,4	2,2	2,3	2,1	2,3	3,0
Bebidas	1,3	1,4	1,1	0,90	1	1,3	1,2	1,2	1,5	1,7	0,7	1,0
Metalúrgicos	1,7	1,1	1,6	1,2	1,2	1,3	1,1	0,88	1,4	1,8	2,9	3,2
Mecânicos	0,79	0,70	0,70	0,86	1	0,82	0,70	0,75	0,82	0,37	0,4	0,4
Madeira	0,54	0,53	0,65	0,59	0,53	0,47	0,39	0,48	0,42	0,46	0,2	0,2
Papel	0,57	0,44	0,42	0,70	0,48	0,63	0,52	0,65	0,50	0,51	0,5	0,5
Químicos	1,3	2,4	3,4	3,9	4,9	5,1	5,6	6,3	8	8,2	9,4	9,6
Têxteis	1,7	1,2	1,2	1,8	1,2	,81	0,69	0,75	0,89	1	0,4	0,2
Minerais não-metálicos	1,3	1,1	1,6	1,2	1,3	0,41	0,88	0,44	0,45	0,21	0,4	0,2
Óticos	0,52	0,77	1,1	1,7	2,4	2,1	1,9	2,3	3,3	4	3,2	3,5
Brinquedos	1,8	2,7	3,3	3	1,5	1,1	0,79	0,64	0,42	0,26	0,2	0,3
Isqueiros, canetas e barbeadores descartáveis	2,8	2,8	4,5	4	3,1	2,8	2,4	2,7	3,3	4,1	3,0	2,9
Outros	2,5	3,5	1,7	2,5	1,8	1,5	1	1,6	1,8	1,6	1,4	2,0
Total	100	100	100	100	100	100	100	100	100	100	100	100

Fonte: Suframa.

Tabela 2.2

Receita de cada setor no Pólo Industrial de Manaus, 1990-2001

(US$ milhões)

Produtos	1990	1991	1992	1993	1994	1995	1996	1997	1998	1999	2000	2001
Eletrônicos	5.645	3.948	2.818	4.118	5.453	7.491	8.326	6.696	4.742	2.836	4.099	3.337
Bens de informática*	50	72	120	265	335	431	757	489	700	1.111	1.860	1.589
Relógios	384	244	175	276	334	395	340	315	281	185	186	148
Duas rodas	757	452	339	401	772	1.014	1.245	1.674	1.662	1.070	1.579	1.552
Termoplásticos	192	127	115	155	189	253	327	262	230	157	241	279
Bebidas	115	85	50	61	91	159	158	152	157	92	94	90
Metalúrgicos	120	68	76	82	116	128	120	164	183	193	299	290
Mecânicos	66	45	31	54	90	91	92	88	82	26	44	36
Madeira	45	31	29	38	46	54	52	56	41	32	27	16
Papel	48	26	19	28	42	74	69	76	49	36	57	46
Químicos	111	148	157	261	436	610	744	747	802	628	976	870
Têxteis	148	71	57	123	110	95	91	88	88	77	46	21
Minerais não-metálicos	57	46	52	49	51	47	51	51	52	35	50	17
Óticos	57	45	52	115	209	247	262	271	310	292	352	322
Brinquedos	156	165	152	202	140	155	104	74	41	18	27	35
Isqueiros, canetas e barbeadores descartáveis	240	169	205	270	272	338	322	323	336	295	315	270
Outros	179	232	88	129	122	176	196	195	176	121	135	132
Total	8.370	5.984	4.535	6.627	8.808	11.758	13.256	11 721	9.937	7.214	10.387	9.050

Fonte: Suframa.
*Inclui telefones celulares a partir de 1998.

Figura 2.1

Participação da indústria eletrônica no faturamento total do Pólo Industrial de Manaus (2000)

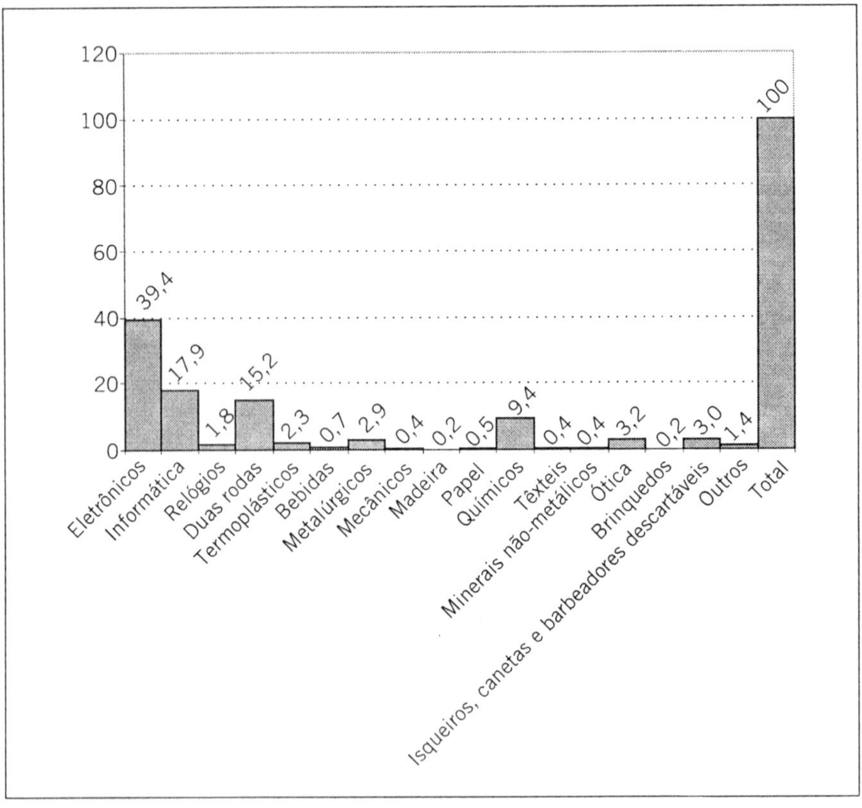

Tabela 2.3

Principais produtos no Pólo Industrial de Manaus

(mil unidades)

Produtos	1990	1991	1992	1993	1994	1995	1996	1997	1998	1999	2000	2001
TV colorida	2.571	2.641	1.983	3.325	5.034	6.300	9.205	8.255	6.241	4.824	6.045	5.561
TV preto-e-branco	557	564	264	445	453	159	119	73	56	17	72	143
Videocassetes	635	679	510	828	1.217	2.017	2.830	2.786	1.770	1.192	1.281	1.027
Videogames	557	791	528	847	514	759	844	1.044	379	369	481	360
Estéreo (3 em 1)	2.605	2.335	1.280	2.484	3.661	4.002	3.447	2.852	1.504	1.828	2.380	2.478
Rádio portátil (mais relógio digital, *tape deck* e rádio de carro)	1.459	1.016	861	1.864	2.794	4.404	2.904	4.468	4.175	3.740	3.680	3.750
Videodisco digital (DVD)	—	—	—	—	—	—	—	—	0,94	17	212	2.087
Telefones celulares	—	—	0,5	1	121	282	433	245	904	3.669	6.692	7.024
Outros telefones	549	395	213	349	600	970	1 679	1.764	2.212	2.324	3.292	4.037
Microondas	215	154	175	420	523	842	1.406	1.713	1.214	1.049	1.124	873
Monitor de vídeo	3	52	66	146	170	173	354	257	245	732	2.187	2.087
Microcomputador	1,3	2,5	13	58	115	160	220	153	132	115	127	81
Fotocopiadora	19	25	39	22	35	39	25	19	31	26	29	43
Calculadoras e registradoras	1.895	1.555	573	1.831	1.218	2.008	1.013	742	176	120	197	279
Máquinas fotográficas	991	1.411	340	1.184	689	890	511	412	208	96	240	235
Receiver-decodificador de sinais de satélites	—	—	—	—	—	—	—	—	177	368	896	899
PCI (para computador)	—	—	—	—	—	—	—	—	3.024	3.430	5.788	1.598
Ar-condicionado	37	40	40	137	253	416	644	566	742	594	833	687

Fonte: Suframa.

Figura 2.2

Gráfico da proporção das origens da receita na indústria eletrônica em Manaus (1990)

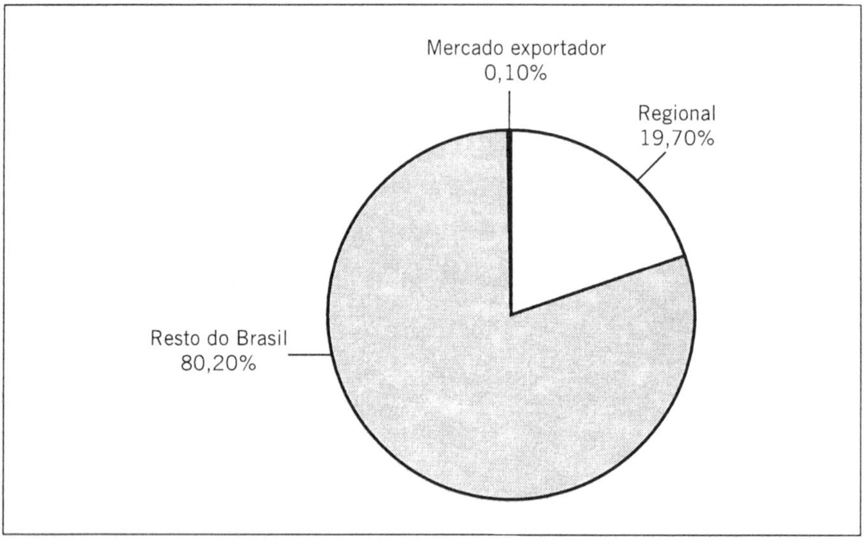

Figura 2.3

Gráfico da proporção das origens da receita na indústria eletrônica em Manaus (2000)

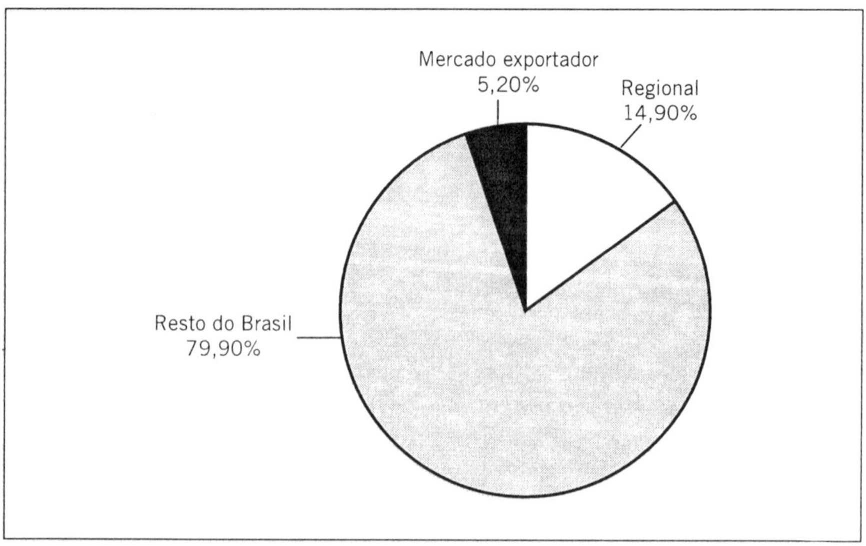

Tabela 2.4

Evolução do faturamento da indústria eletrônica no Pólo Industrial de Manaus

(US$ milhões e %)

Ano	Mercado interno		Exterior	Total
	Regional	Nacional		
1990	1.117.672 19,7%	4.543.457 80,5%	6.253 0,1%	5.667.382 100%
1991	904.914 22,5%	3.108.078 77,2%	8.848 0,2%	4.021.840 100%
1992	462.149 10,6%	2.475.020 57%	12.091 0,2%	2.949.260 100%
1993	552.556 12,7%	3.770.306 86,9%	14.312 0,3%	4.337.174 100%
1994	783.882 13,5%	4.993.038 85,9%	29.613 0,5%	5.806.533 100%
1995	1.418.131 15,6%	6.483.790 71,4%	20.598 0,2%	7.922.519 100%
1996	1.526.656 16,8%	7.531.684 83%	13.606 0,1%	9.071.946 100%
1997	944.070 13,1%	6.228.410 86,7%	13.539 0,1%	7.186.019 100%
1998	601.220 11%	4.787.197 88,1%	43.881 0,8%	5.432.299 100%
1999	446.419 11,3%	3.372.009 85,4%	129.591 3,2%	3.948.019 100%
2000	890.065 14,9%	4.746.946 79,7%	313.183 5,2%	5.950.194 100%
2001	764.444 15,5%	3.689.330 74,8%	473.032 9,6%	4.926.806 100%

Fonte: Suframa.

No que concerne à origem dos insumos da produção, no início dos anos 1990, entre 70 e 80% desses insumos provinham de fornecedores locais que no final daquela década, entretanto, passaram a responder por apenas cerca de 35% do suprimento, enquanto a maior parte dos componentes era importada, sobretudo, dos EUA e da Ásia.

A tabela 2.5 e as figuras 2.4 e 2.5 mostram a evolução da aquisição de insumos no período 1990-2001. A significativa redução do suprimento de fontes locais pode estar associada ao declínio da indústria de componentes em Manaus, em fins da década de 1980 e começo da década de 1990. A abertura da economia brasileira permitiu aos fabricantes de produtos eletrônicos importar componentes mais baratos, especialmente da Ásia.

Tabela 2.5

Evolução da aquisição de insumos da produção na indústria eletrônica no Pólo Industrial de Manaus

(US$ milhões e %)

Ano	Regional	Brasil	Do exterior	Total
1990	1.244.565 41,2%	1.230.696 40,8%	539.673 17,9%	3.014.935 100%
1991	849.099 38%	800.687 35,9%	581.885 26%	2.231.671 100%
1992	526.893 23,9%	504.648 22,9%	524.093 23,8%	1.555.634 100%
1993	476.505 21,6%	648.460 29,4%	1.073.950 48,8%	2.198.915 100%
1994	706.276 23,3%	855,062 28,1%	1.475.407 48,5%	3.036.745 100%
1995	1.040.786 24,7%	1.015.113 24,1%	2.152.277 51,5%	4.208.176 100%
1996	1.140.702 27,4%	417.718 10%	2.601.820 62,5%	4.160.240 100%
1997	949.416 21,3%	894.136 20%	2.609.558 58,6%	4.453.110 100%
1998	546.674 19,4%	703.593 24,9%	1.566.529 55,6%	2.816.796 100%
1999	382.572 16,1%	472.077 19,8%	1.521.211 64%	2.375.860 100%
2000	696.386 19,7%	586,578 16,7%	2.238.068 63,6%	3.521.032 100%
2001	666.003 21,8%	456.600 15%	1.920.645 63,2%	3.043.248 100%

Fonte: Suframa.

Figura 2.4

Origens dos insumos de produção para a indústria eletrônica em Manaus (1990)

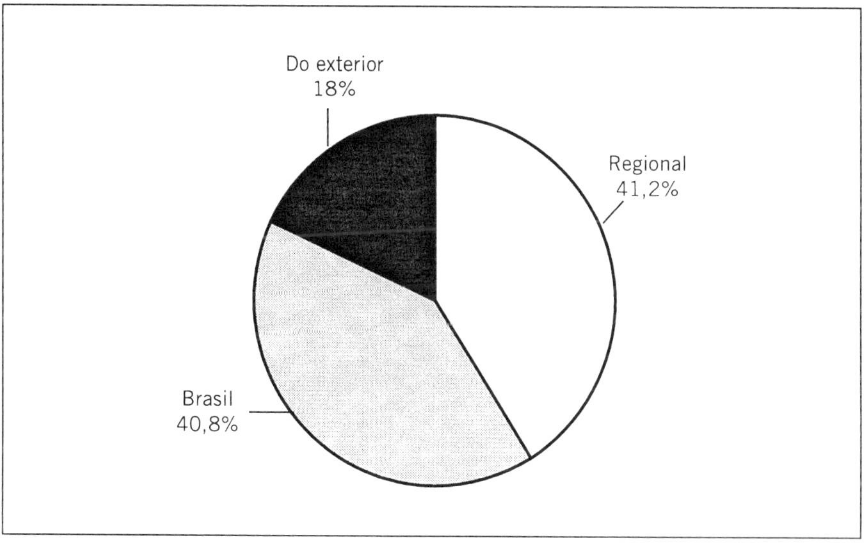

Figura 2.5

Origens dos insumos de produção para a indústria eletrônica em Manaus (2001)

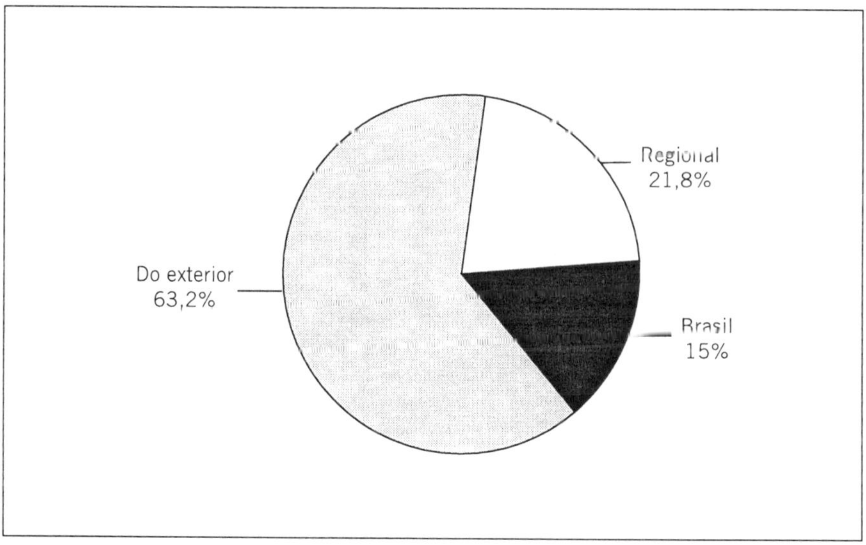

Quanto à evolução do emprego na indústria eletrônica de Manaus, o número de empregados em 2000 (25.870) era quase metade daquele registrado em 1990 (45.283) (ver figura 2.6). Isso parece estar ligado à maior automação dos processos de produção a partir do início dos anos 1990, mas, principalmente, à redução substancial nas atividades da indústria de componentes eletrônicos. Não obstante, atualmente, a indústria eletrônica emprega mais de 50% da força de trabalho no Pólo Industrial de Manaus, como se pode ver na tabela 2.6 e na figura 2.7.

Figura 2.6

Gráfico da evolução do emprego na indústria eletrônica em Manaus em relação ao pólo industrial (1990-2000)

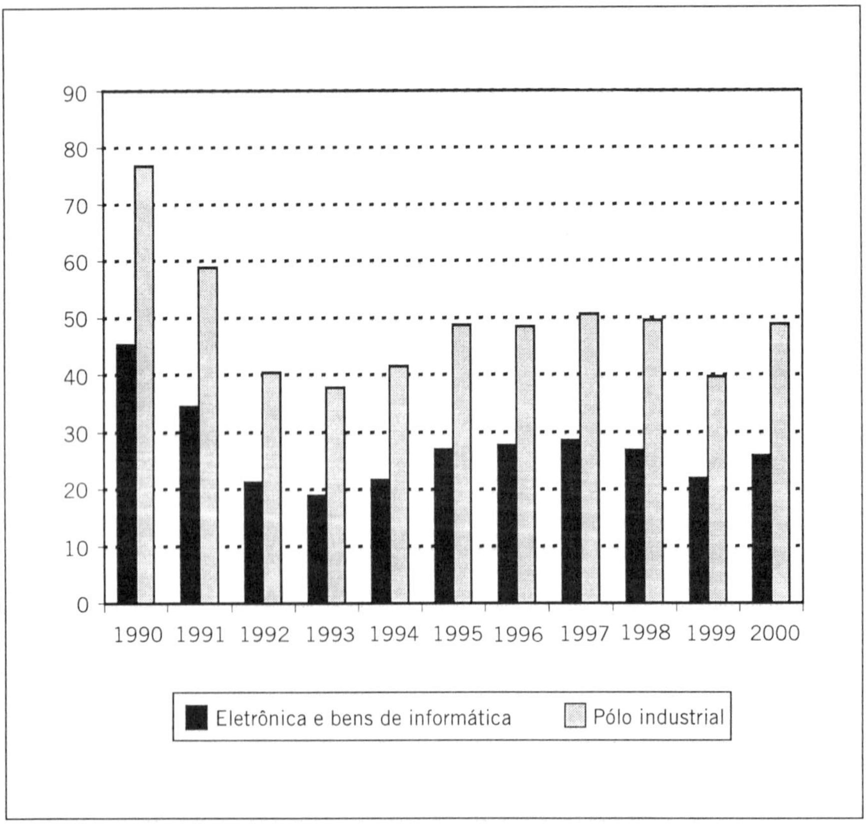

Tabela 2.6

Evolução do emprego por setor no Pólo Industrial de Manaus[a]

Produtos	1990	1991	1992	1993	1994	1995	1996	1997	1998	1999	2000	2001
Eletrônicos[b]	45.283	34.525	21.274	18.893	21.661	27.003	27.659	28.609	26.831	21.902	25.870	28.236
Relógios	3.209	2.369	1.602	1.602	1.609	2.109	1.726	1.604	1.615	1.526	1.407	1.453
Duas rodas	4.056	2.979	2.713	2.660	3.135	3.700	3.671	4.575	5.147	4.943	5.709	6.566
Termoplásticos	3.465	2.771	2.024	1.910	2.364	2.548	2.876	2.882	2.680	2.572	2.933	3.598
Bebidas	2.657	2.339	1.967	1.634	1.529	1.790	1.785	1.514	1.482	1.151	928	1.102
Metalúrgicos	1.079	769	754	661	603	701	661	781	1.258	1.102	1.400	1.510
Mecânicos	794	598	458	310	300	354	318	293	404	274	435	517
Madeira	4.229	3.216	2.763	3.109	3.453	3.368	3.203	3.463	2.971	2.571	2.391	1.928
Papel	625	568	476	325	456	531	520	582	615	660	874	1.013
Químicos	340	278	259	506	420	417	388	349	392	472	526	675
Têxteis	2.117	1.317	650	534	537	482	271	85	86	82	64	470
Minerais não-metálicos	836	631	718	641	637	578	545	484	536	526	650	159
Óticos	1.359	1.026	831	782	863	1.036	718	827	863	850	1.049	1.121
Brinquedos	1.105	894	739	643	710	654	451	345	351	204	175	464
Isqueiros, canetas e barbeadores descartáveis	1.762	1.494	1.340	1.302	1.378	1.724	1.617	1.662	1.700	1.587	1.577	1.734
Outros	3.879	3.104	1.793	2.132	1.822	1.765	2.085	2.619	2.644	2.673	2.891	3.316
Total	76.794	53.878	40.361	37.644	41.477	48.760	48.494	50.674	49.575	43.095	48.879	53.862

Obs.: [a]média mensal do número de trabalhadores = permanentes + temporários + terceirizados; [b]inclui bens de informática.

Figura 2.7

Gráfico do nível de emprego por setor no Pólo Industrial de Manaus (2000)

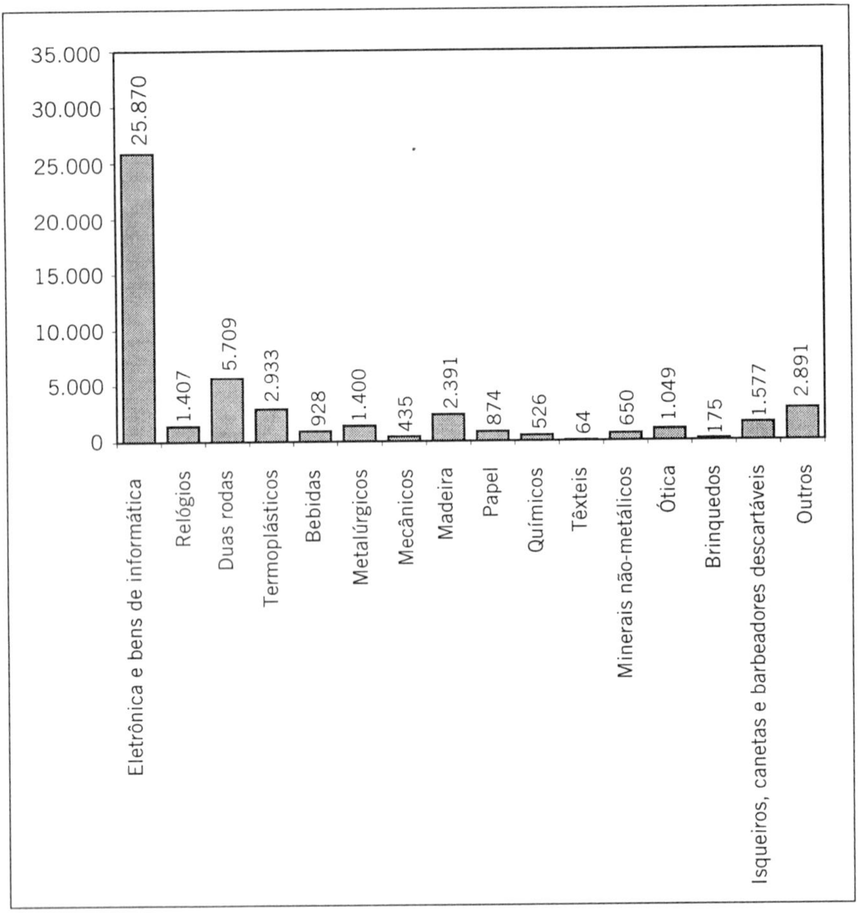

2.2 Indústria eletrônica na Malásia: principais características

A partir do final dos anos 1960, a economia malaia seguiu uma política industrial de crescimento liderado pelas exportações, após uma fase inicial de substituição das importações focalizando o mercado interno. O quadro 2.1 e a tabela 2.7 apresentam um resumo histórico das fases de industrialização da Malásia (Noor, 1999). O quadro 2.1 mostra as seis fases industriais malaias, destacando vários pontos, tais como: fatores determinantes da adoção de uma certa estratégia, objetivos econômicos, tipos de indústrias e empresas transnacionais (ETNs), impacto na economia e principais políticas implementadas durante cada fase. A tabela 2.7 fornece dados estatísticos selecionados referentes às diversas fases de industrialização. Excluindo a recessão do começo da década de 1980 e a crise asiática de 1997, em geral, a Malásia registrou a elevada taxa média de crescimento do PIB real de 8%, desde a primeira fase de industrialização, em 1957, até 1996.

As seis fases da industrialização da Malásia são:

- período pré-independência, antes de 1957;
- primeira fase da industrialização, à base de substituição das importações (ISI), de 1957 até final dos anos 1960;
- industrialização orientada para as exportações (IOE), do final dos anos 1960 em diante;
- segunda fase da ISI, na primeira metade dos anos 1980;
- nova IOE, da segunda metade dos anos 1980 em diante;
- industrialização da "economia do conhecimento" (*K-economy*) (por exemplo, Supercorredor Multimídia (MSC), do segundo semestre de 1997 em diante.

Com base em outras análises (Alavi, 1996; e Ali, 1992), faremos algumas observações a respeito das atividades produtivas durante cada fase da industrialização. Primeiramente, durante a fase da pré-independência, Rasiah (1995) sustenta que o significativo crescimento da agricultura e das indústrias mineradoras no período colonial propiciou capacitação básica em processamento primário, engenharia e indústria de alimentos. Para tanto, contribuiu a contratação de serviços de engenharia e construção de empreiteiras locais. Nesse período, o governo colonial britânico não lançou mão de subsídios nem protecionismo, por não querer que a produção local ineficiente viesse a acarretar aumentos de preços nos alimentos, uma vez que esses aumentos fariam pressão por uma alta dos salários dos trabalhadores do campo, reduzindo os lucros dos estabelecimentos rurais, em sua maioria, pertencentes aos ingleses.

Quadro 2.1

Resumo histórico das fases da industrialização na Malásia

Pré-independência	ISI (1957 até final da década de 1960)	IOE (final da década de 1960 em diante)	Segunda ISI (1980 em diante)	Nova IOE (final da década de 1980 em diante)	Economia do conhecimento (final de 1997 em diante)
Fatores influentes na estratégia industrial adotada					
Economia extrativa.	Alta dependência de produtos primários e da pauta de importações.	Relocação da indústria global de semicondutores.	Grande volume de importações de bens intermediários. Estratégia conduzida pelo governo.	Passar a uma estratégia mais voltada para o mercado.	Passar a uma economia baseada no conhecimento *(knowledge-based)*.
Objetivos principais					
Aumentar a produção de produtos primários.	Diversificar a economia, reduzir importações e gerar emprego.	Diversificar a manufatura, criar integração e emprego.	Criar integração na manufatura. Reduzir importações de bens intermediários.	Aumentar a integração e a competitividade na manufatura.	Passar a uma economia intensiva em conhecimento mais especializado.
Indústrias principais					
Borracha e estanho.	Bens de consumo perecíveis, indústria leve.	Eletrônica, elétrica e têxteis.	Indústria pesada: automóveis, aço, cimento.	Produtos elétricos e eletrônicos; prioridade a produtos de maior valor adicionado.	Multimídia, software, internet e comércio eletrônico.

continua

Pré-independência	ISI (1957 até final da década de 1960)	IOE (final da década de 1960 em diante)	Segunda ISI (1980 em diante)	Nova IOE (final da década de 1980 em diante)	Economia do conhecimento (final de 1997 em diante)
Tipos de ETNs					
Maioria britânicas.	Maioria britânicas e começo dos investimentos de ETNs americanas.	Pioneirismo das ETNs americanas no setor eletrônico. ETNs japonesas seguem o exemplo.	Estatais, principalmente JVs com ETNs japonesas e coreanas.	Surgimento de ETNs de países recém-industrializados, especialmente da Coréia do Sul e Taiwan.	Empresas de software e *network* de primeira classe.
Impactos					
Economia excessivamente dependente da borracha e do estanho. Não se desenvolveram indústrias manufatureiras.	ISI cumpriu seus objetivos. Pouca integração porque ETNs importam a maior parte da matéria-prima e dos bens intermediários.	IOE aumentou significativamente o emprego. Pouca integração. Volume ainda grande de importações de bens intermediários.	Grandes prejuízos iniciais, em parte devido à recessão de 1985. Pouca integração. indústrias de apoio ainda não se desenvolveram plenamente.	Crescimento rápido na primeira metade dos anos 1990. Maior ênfase na capacidade tecnológica.	Consultoria de alto nível. >50 empresas de primeira classe com *status* de SCM. Impacto ainda ignorado.
Políticas principais					
Nenhuma.	Lei das Indústrias Pioneiras, 1958.	Lei de Incentivo aos Investimentos, 1968; Zona Franca de Comércio.	I Plano Mestre Industrial (PMI-1), 1986-95.	PMI-2: 1996-2005. Lei do Investimento, 1986.	Supercorredor multimídia.

Fonte: Adaptado de Noor (1999:12).

Tabela 2.7

Indicadores econômicos básicos

(anos selecionados)

Estratégia estatal de industrialização enfatizada	Pré-independência	ISI (1957 até final dos anos 1960)		IOE (final dos anos 1960 em diante)		Segunda ISI (anos 1980 em diante)		Nova IOE (final dos anos 1980 em diante)		
Taxa média anual de crescimento do PIB real (%)		**1957-67**		**1968-73**	**1974-78**	**1979-85**		**1989-94**	**1995**	**1998**
	n.d	6,1		8,5	8,4	5,5		8,6	9,4	-4,8
Investimento como percentual do PIB		**1960**	**1965**	**1970**	**1975**	**1980**	**1985**	**1990**	**1995**	**1998**
Privado	n.d.	10,0	9,1	12,5	14,5	20,2	18,0	22,0	31,8	21,4
Público	n.d.	2,6	7,3	5,9	8,8	12,1	15,9	12,1	16,1	11,3
Participação dos setores industriais no PIB (%)	**1955**	**1960**	**1965**	**1970**	**1975**	**1980**	**1985**	**1990**	**1995**	**1998**
Manufatura	8	9	10	13	14	20	19	27	33	35
Agricultura	40	38	32	31	29	23	20	18	14	12
Serviços	n.d.	n.d.	n.d.	n.d.	48	n.d.	46	41	44	42
Outros	52	53	58	56	5	n.d.	15	14	9	11

continua

Estratégia estatal de industrialização enfatizada	Pré-independência	ISI (1957 até final dos anos 1960)		IOE (final dos anos 1960 em diante)		Segunda ISI (anos 1980 em diante)		Nova ICE (final dos anos 1980 em diante)		
Estrutura das exportações (%)	**1955**	**1960**	**1965**	**1970**	**1975**	**1980**	**1985**	**1990**	**1995**	**1998**
Manufatura	—	8,5	12,2	11,9	21,4	21,8	34,6	58,8	79,5	81,2
EE	—	n.d.	n.d.	6,0	n.d.	9,2	14,2	33,3	52,3	54,9
Agricultura	80,3	66,1	54,5	59,2	52,8	48,5	31,9	22,3	13,1	10,7
Minerais	17,7	22,2	30,0	25,9	22,6	26,4	24,2	18,3	5,8	7,1
Outros	1,9	3,2	3,3	3,0	3,2	4,5	4,3	0,6	1,5	0,9
Estrutura das importações (%)	**1955**	**1961**		**1970**	**1975**	**1980**		**1988**	**1993**	**1998**
Bens de consumo	46,9	46,7		28,0	20,0	18,4		23,6	16,0	13,5
Bens de investimento	12,4	28,4		26,6	31,9	29,9		29,2	40,9	39,6
Bens intermediários	19,6	17,1		36,4	43,4	49,9		46,2	42,7	46,1
Outros	20,7	7,8		9,0	4,7	1,7		1,0	0,5	0,8

Fonte: Noor (1999:13).
Obs.: n.d. = não-disponível.

Em segundo lugar, durante a fase de substituição das importações (ISI) — após a independência da Malásia em 1957 até o final da década de 1960 —, o governo malaio adotou estratégias para incentivar as empresas estrangeiras, que já comercializavam seus produtos no país, a iniciar operações de montagem para fornecer bens acabados. O setor de eletrodomésticos foi um dos que se estabeleceram nos anos 1960, durante a fase ISI, destacando-se o pioneirismo da Matsushita Electric, que em 1969 estabeleceu uma *joint venture* com parceiros locais para produzir aparelhos domésticos e elétricos. Tais estratégias tiveram início com a introdução da Lei das Indústrias Pioneiras, de 1958, visando conceder benefícios fiscais às manufaturas pioneiras. Contudo, a maioria das empresas estrangeiras adquiria fora seus insumos, e as atividades locais se limitavam a operações secundárias de montagem e acondicionamento. Apesar de suas deficiências, a ISI contribuiu para diversificar a economia, que de agrícola passou a manufatureira, e também para aumentar o emprego (taxa anual de crescimento de 4,3% em 1957-68). Em 1995, estavam em operação mais de 250 empresas, como Sharp-Roxy, produzindo eletrodomésticos como aparelhos de ar condicionado, refrigeradores, máquinas de lavar, aspiradores, ventiladores e fornos de microondas. Aproximadamente 43% da produção do setor elétrico consistiam na fabricação de fios e cabos (Malaysia, 1996:52).

Em terceiro lugar, devido ao êxito limitado da estratégia de ISI, teve início uma nova fase industrial, a da IOE (1970-80). Para tanto, contribuiu a relocação internacional da produção dos EUA e do Japão para os países em desenvolvimento. A fim de que as ETNs estrangeiras voltadas para as exportações relocassem sua produção para a Malásia, foram concedidos dois novos incentivos,: a Lei de Incentivo aos Investimentos, de 1968, e a Lei da Zona Franca de Comércio, de 1971. As zonas francas de comércio (ZFCs) eram áreas especialmente destinadas às empresas, para que elas fabricassem produtos (sobretudo) para exportação. Nessas áreas, era garantido às empresas, um mínimo de procedimentos alfandegários e isenção de impostos de importação para matérias-primas, componentes e equipamentos, como também, um mínimo de formalidades para exportarem seus produtos acabados. Em 1998, havia 19 ZFCs na Malásia. Segundo Rokiak Alavi

(1996:176-77), a passagem da ISI às exportações não se deu de modo sistemático porque, em vez de forçar as empresas da ISI que não eram nem eficientes nem competitivas a se tornarem internacionalmente competitivas e exportadoras, o governo preferiu voltar-se para as empresas da nova IOE que operavam em zonas exportadoras isoladas. Assim, as empresas ineficientes e não-competitivas da ISI continuaram a produzir para o mercado interno, ao passo que as exportações vinham sobretudo das novas filiais das ETNs nas zonas francas de comércio. O setor de componentes eletrônicos (de semicondutores, por exemplo) foi inaugurado no início dos anos 1970, durante essa fase de IOE. Desde o estabelecimento da primeira fábrica de semicondutores em Penang, em 1972, o setor de produtos eletrônicos de exportação foi evoluindo até se tornar o mais importante setor manufatureiro da Malásia. O país tem figurado, repetidas vezes, como o primeiro exportador mundial e o terceiro maior produtor de semicondutores, atrás apenas dos EUA e do Japão e à frente da Coréia do Sul (Lim, 1993). Nesse setor, as exportações da Malásia representaram cerca de 9,7% do total das exportações mundiais de semicondutores em 1995 (Malaysia, 1996:60).

Em quarto lugar, na segunda fase da IOE — meados dos anos 1980 em diante —, assistiu-se à concentração de duas indústrias: a de aparelhos eletroeletrônicos e a de têxteis e vestuário; sendo as exportações provenientes, sobretudo, dessas indústrias. Durante o influxo maciço da manufatura FDI (*foreign direct investment*/investimento direto estrangeiro) do Nordeste asiático para o Sudeste asiático no final dos anos 1980, muitas ETNs de produtos eletrônicos transferiram sua produção para a Malásia, enquanto Cingapura, seu vizinho mais próximo, tornou-se um centro regional e global para as ETNs. A Malásia apenas servia de base externa para processos intensivos em mão-de-obra. Cingapura oferecia às redes de produção nos países vizinhos do Sudeste asiático serviços de distribuição, armazenagem, comercialização, controle financeiro e treinamento técnico, além de serviços de apoio. Com o tempo, Cingapura logrou obter alta tecnologia, além de produtos e serviços de alto valor adicionado, no setor eletrônico. O país é o maior exportador mundial de discos rígidos para computador, com uma fatia de 60% do mercado mundial, e geralmente figura como o quinto ou sexto maior exportador de periféricos, softwares, equipamento de telecomunicações, aviônicos e *chips* Asics (Lim, 1993). Na década de 1990, devido à acirrada concorrência mundial no setor de discos rígidos, a linha final da produção de *disk drives* e *drives* removíveis foi transferida de Cingapura para a Malásia.

A indústria eletroeletrônica malaia tornou-se um setor manufatureiro da maior importância, contribuindo com a maior parcela do total da manufatura, das exportações e dos empregos. Apesar de ainda estar se recuperando da crise asiática de 1997, a indústria eletroeletrônica continua a crescer, tendo contribuído com 60,5% do total das exportações de manufaturados em julho de 1999, além de responder pelo grosso da receita das exportações. Em 1988, sua contribuição foi de 50,4% (tabela 2.7). A nível mundial, a Malásia se tornou um importante exportador de semicondutores, aparelhos eletrônicos, equipamento de telecomunicações, computadores e periféricos.

As exportações malaias de semicondutores representaram cerca de 9,7% do total mundial dessas exportações, enquanto as de equipamento de telecomunicações e de computadores e periféricos representaram cerca de 2,5% e 2%, respectivamente (Malaysia, 1996:58-9). Embora ainda seja predominante, o setor de semicondutores perdeu para os de produtos eletrônicos industriais e de consumo uma porção significativa de sua participação na produção (Malaysia, 1996:55). Entre os componentes eletrônicos produzidos estão dispositivos semicondutores como circuitos integrados (CIs) lineares e digitais, memórias, microprocessadores, óptico/eletrônicos, híbridos e outros componentes como capacitores, relés, comutadores, osciladores de quartzo, conectores, bobinas, transformadores, resistores, peças de *disk drive* e PCBs.

No setor de artigos de consumo eletrônicos, as exportações malaias representaram aproximadamente 18% do total das exportações mundiais do grupo produtos. O país se tornou um dos maiores exportadores mundiais de artigos de consumo eletrônicos, tais como produtos audiovisuais (por exemplo, televisões em cores) e secretárias eletrônicas. Gigantes japonesas do setor, como Matsushita, Sharp e Sony, instalaram na Malásia suas maiores unidades externas para fabricação de produtos audiovisuais, e o mesmo fizeram fornecedores de Taiwan e Hong Kong. Entre os produtos eletrônicos industriais e de consumo fabricados estão incluídos aparelhos de TV em cores (TVCs), de som, *pagers*, *walkie-talkies*, telefones, equipamentos de transmissão digital, receptores de sinais de satélite, computadores pessoais, *disk drives*, CD-ROM, teclados e impressoras. Quanto aos aparelhos elétricos como refrigeradores, ventiladores, máquinas de lavar e ferros de passar, todos de sólida tecnologia e apresentando elevada economia de escala, tornaram-se importantes itens na pauta de exportações. A Malásia é também o maior produtor de aparelhos domésticos de ar condicionado (Malaysia, 1996; Lall, 1994).

A maioria das fábricas de produtos de consumo e componentes eletrônicos de exportação pertence a multinacionais japonesas, americanas e européias. Dez das únicas 15 empresas mundiais produtoras de *chips* de memória têm fábricas na Malásia, como, por exemplo, Hitachi e Toshiba, duas das maiores. Já o número de ETNs que fabricam microprocessadores é menor, e a maior delas, Intel US, tem sua maior unidade de produção externa instalada na Penang. Os fabricantes continuaram a aprimorar suas instalações e a produzir em massa *chips* de última geração. Por exemplo, em 1992, empresas americanas fabricantes de semicondutores passaram a produzir *wafers* em suas antigas unidades de montagem e testagem. No ano 2000, duas empresas (uma estrangeira e uma *joint venture* local) estavam construindo duas grandes fábricas de *wafers* (de 8 polegadas) no Parque High Tech de Kulim, na região Norte, e no parque industrial de Sarawak, na região Leste.

Se no passado havia maior dependência de um segmento industrial, isto é, do setor eletrônico, a Malásia procurou reduzir essa dependência de certas ETNs. Diversificou as fontes externas de investimento e de tecnologia, os mercados de exportação e as linhas de produtos específicas dentro da indústria (como se viu no caso dos semicondutores, que cederam a primazia aos produtos eletrônicos de consumo e industriais), procurando desenvolver outros setores da economia fora da indústria. A Comissão de Desenvolvimento Industrial da Malásia (Mida) promoveu, agressivamente, uma gama diversa de ETNs dos EUA, Europa, Japão, Taiwan, Hong Kong e Coréia do Sul, fabricantes de um leque mais amplo de produtos vendidos no mercado global. Embora os EUA ainda sejam um importante mercado para as exportações, a própria região asiática se tornou um grande mercado. Por exemplo, em meados dos anos 1990, 50% das exportações de semicondutores foram para a região asiática, sendo 27,3% para a Associação as Nações do Sudeste Asiático (Asean) e 7,9% para o Japão (Malaysia, 1996:60).

Em quinto lugar, a mais recente iniciativa industrial do governo malaio após 1997 tem sido a de atrair empresas da IOE que sejam mais intensivas em *conhecimento* do que em *produção*, a fim de transformar a Malásia numa economia baseada no saber. Um dos projetos mais ambiciosos é o Supercorredor Multimídia (SCM), visando incentivar ETNs de software e multimídia de primeira classe a instalarem seus centros de P&D numa certa área do SCM. Destinaram-se vultosos investimentos para criar do nada uma "cidade inteligente" interligada, Cyberjaya. Criou-se também uma universidade, a Universidade Multimídia, para formar alunos e professores especializados em software e tecnologias multimídia. Além disso, diversos incentivos foram concedidos, como o Status de Pioneiro, garantindo benefícios fiscais por 10 anos, livre acesso à expatriação de pessoal técnico, rápida tramitação de requerimentos, acesso preferencial a contratos governamentais e relativa isenção das leis aplicadas a outras regiões do país. Todos os esforços têm sido feitos para levar as melhores empresas de software a requererem o "status de SCM", a partir da concessão de tais incentivos. Todavia, poderão surgir ineficiências caso não haja a transição sistemática das atuais empresas da IOE para empresas "intensivas em conhecimento", tal como não ocorreu anteriormente com as empresas da ISI quando do início da fase de IOE. Portanto, além de atrair novas ETNs de software para estabelecerem seus centros no Supercorredor Multimídia, a estratégia industrial da nova economia do conhecimento deve igualmente fomentar a capacidade inovadora das empresas da IOE. Contudo, o governo precisa reconsiderar se é possível conseguir isso confinando novamente as empresas estrangeiras às áreas protegidas do SCM e isolando as filiais das ETNs eletrônicas de suas necessidades operacionais produtivas. As figuras 2.8 a 2.21 apresentam algumas características relativas à indústria eletrônica na Malásia.

Figura 2.8

Malásia: contribuição da indústria eletroeletrônica para as exportações do país (2000)

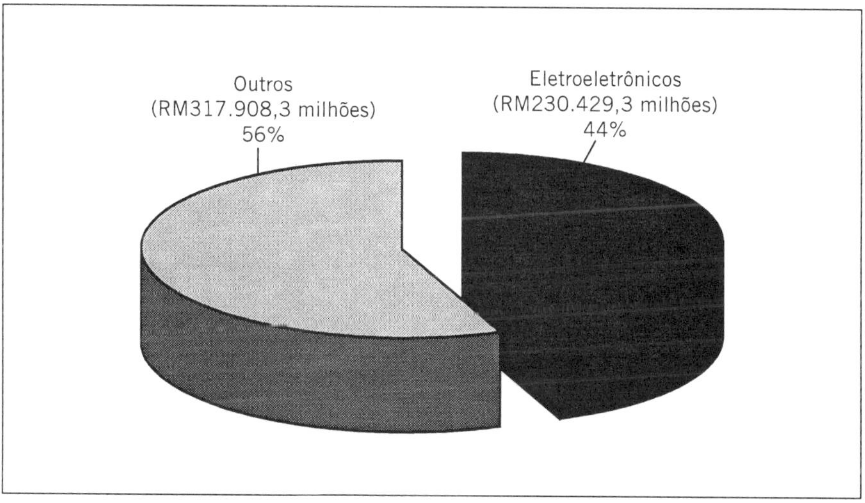

Figura 2.9

Malásia: estrutura de exportação da indústria eletroeletrônica

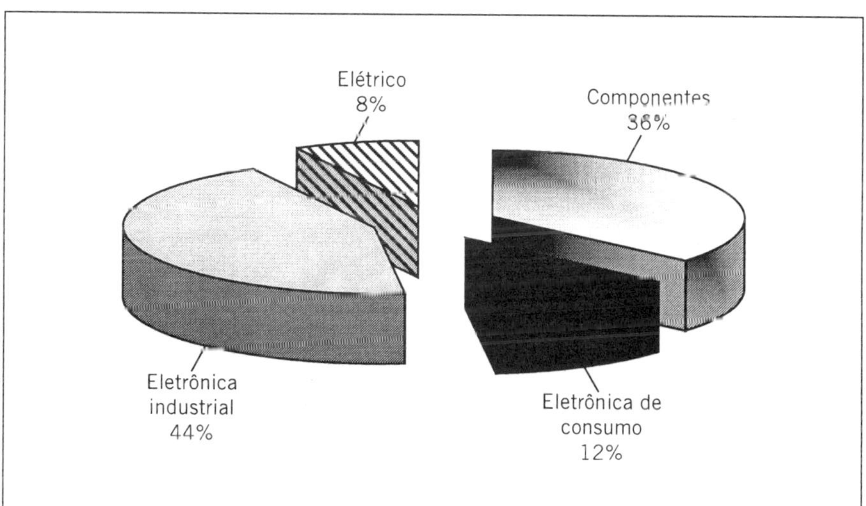

Figura 2.10

Contribuição da indústria eletrônica para o valor adicionado na manufatura (2000)

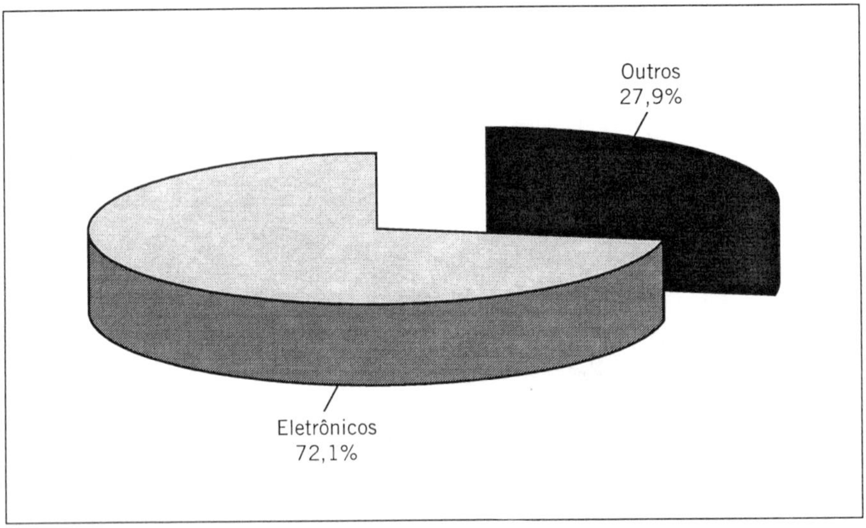

Figura 2.11

Performance da indústria eletrônica: produção (1995-2000)

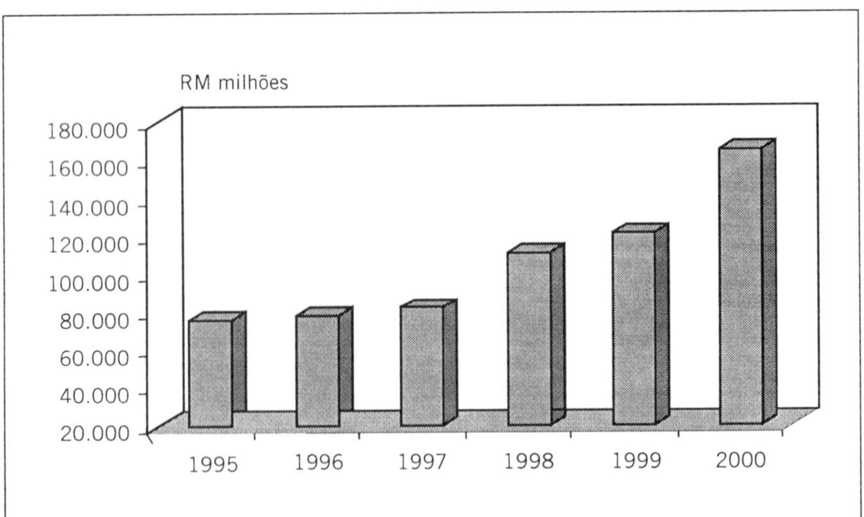

Figura 2.12

Performance da indústria eletrônica: emprego (1995-2000)

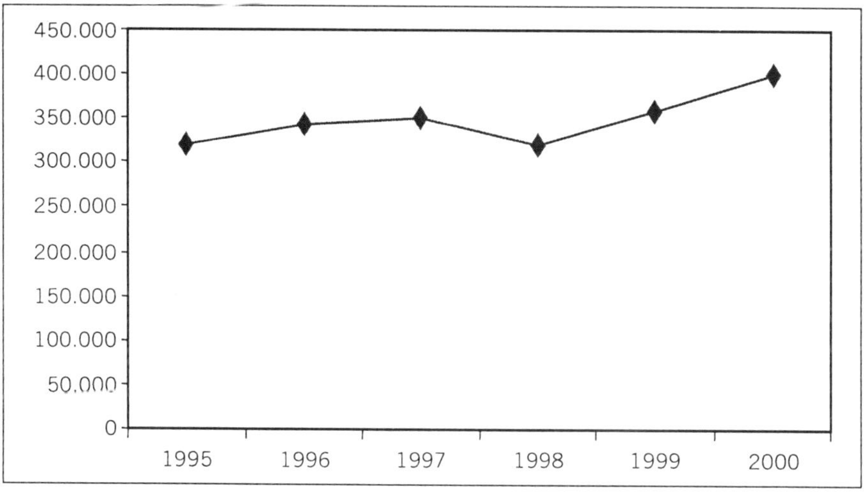

Figura 2.13

Malásia: importação e exportação na indústria eletrônica (1995-2000)

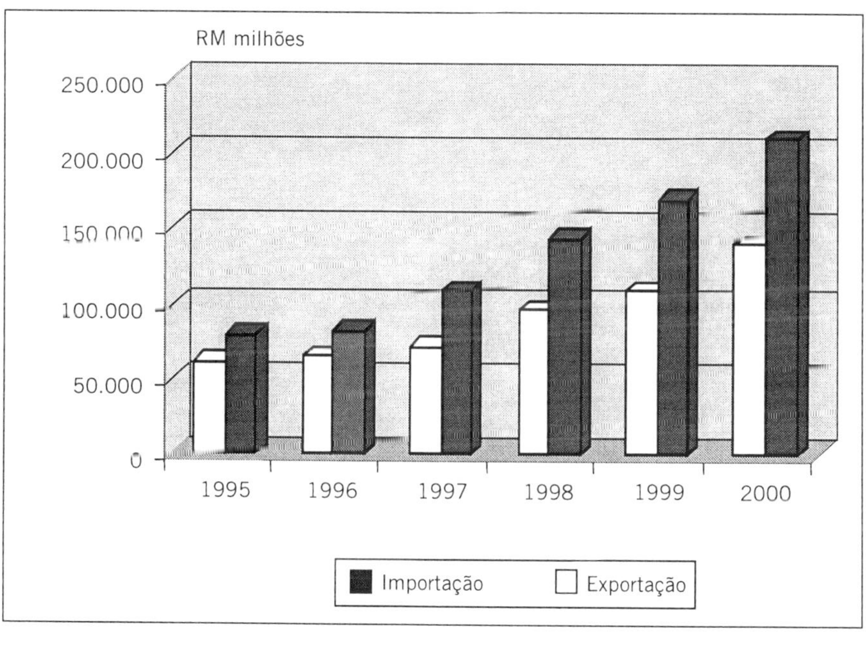

Figura 2.14

Malásia: mudança estrutural na indústria (1995)

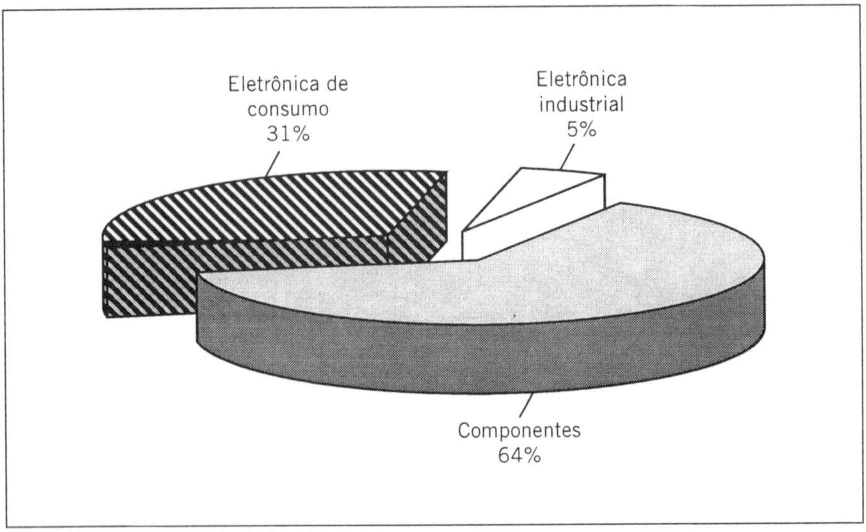

Figura 2.15

Malásia: mudança estrutural na indústria (2000)

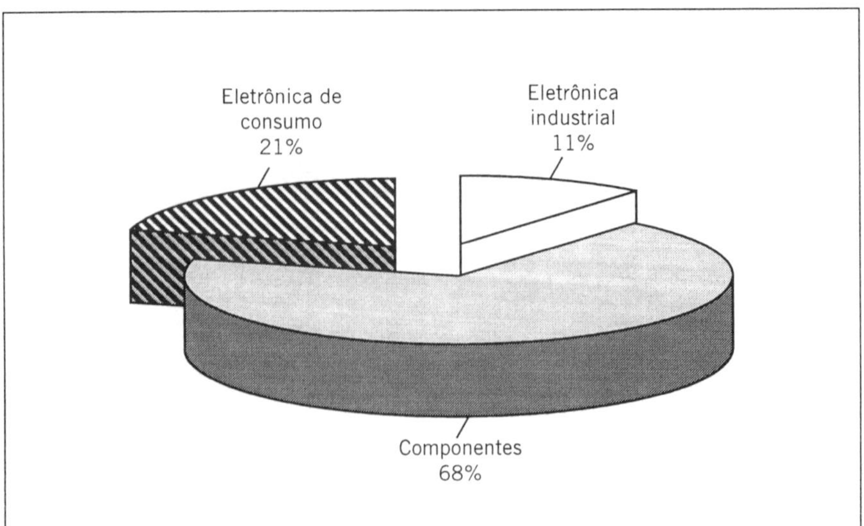

Figura 2.16

Cadeia de valor no nível macro: estrutura industrial, 2000

(macrocadeia de valor na indústria de semicondutores)

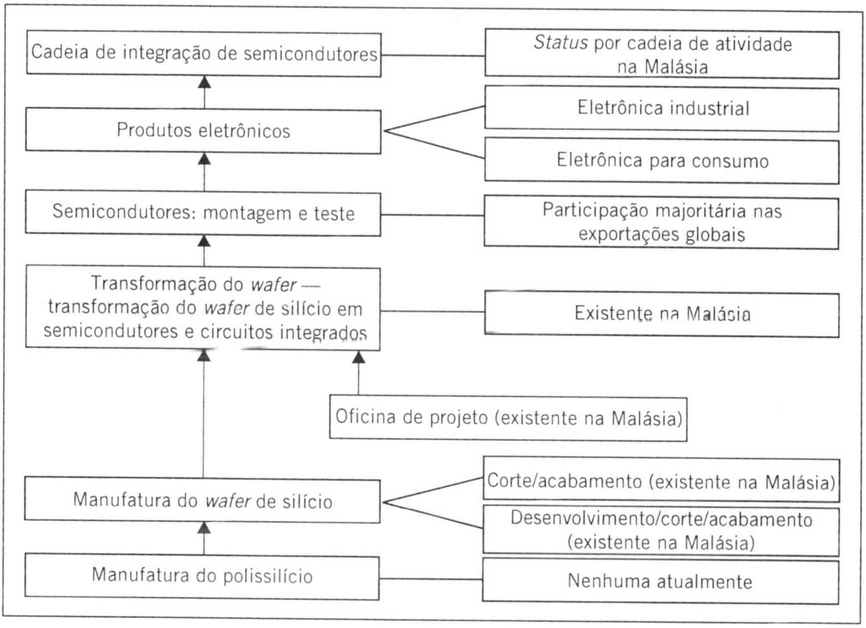

Figura 2.17

Supercorredor multimídia: detalhamento de atividades

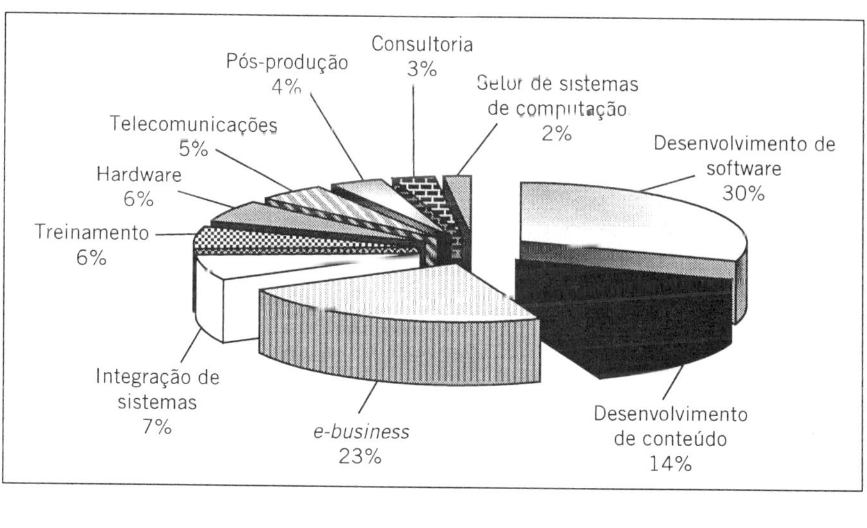

Figura 2.18

Supercorredor multimídia: país de origem

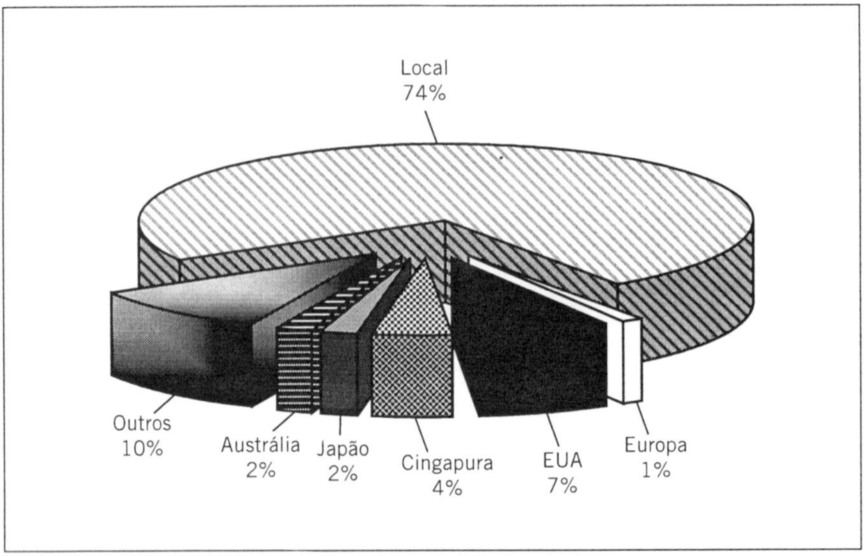

Figura 2.19

Malásia: fases de crescimento

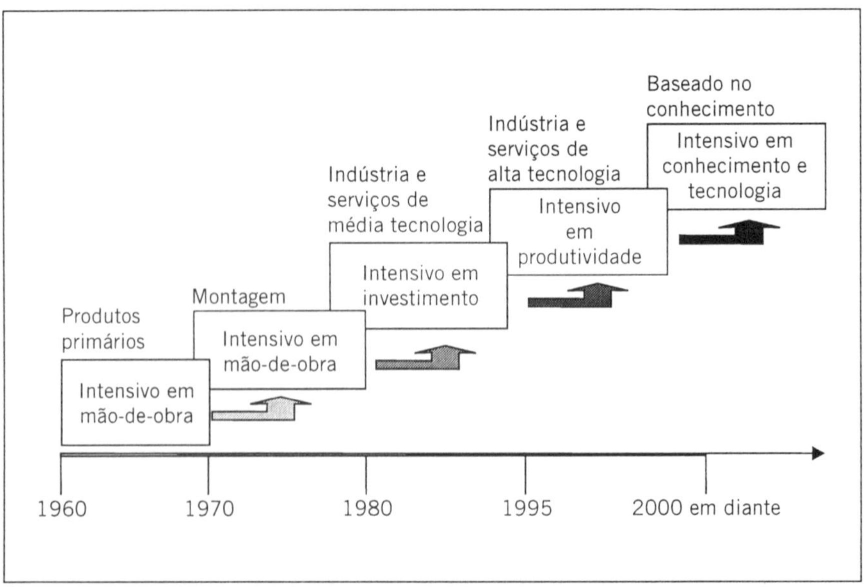

Figura 2.20

Malásia: estratégia de manufatura

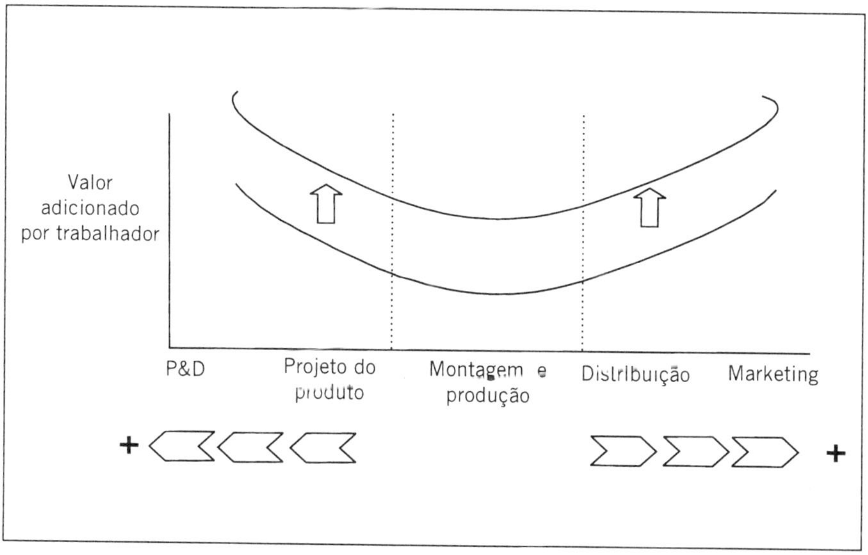

CAPÍTULO 3

Modelos analíticos e estratégia da pesquisa

Este capítulo apresenta os modelos analíticos à luz dos quais serão examinadas as evidências empíricas neste livro. Também descreve as principais características do desenho e da estratégia da pesquisa subjacente ao livro.

3.1 Avaliação do desenvolvimento tecnológico da indústria eletrônica em Manaus: metodologia

3.1.1 Desenvolvimento tecnológico

Para avaliar o grau de progresso da indústria eletrônica de Manaus, o livro avalia o desenvolvimento tecnológico tomando por base:

- a evolução da capacidade tecnológica rotineira para níveis progressivamente mais elevados de capacidade tecnológica criativa e inovadora;
- a evolução para produtos cada vez mais complexos e de maior valor.

Nesse sentido, cumpre fazer uma distinção entre o progresso das atividades tecnológicas da empresa (por exemplo, das pequenas modificações feitas nos produtos em meados dos anos 1980 para a engenharia de desenho em 2000) e o dos tipos de produtos ou componentes por ela fabricados (por exemplo, dos simples aparelhos de rádio analógicos dos anos 1970 aos últimos produtos de áudio digitais de 2000).

3.1.2 Metodologia para avaliar o nível de competência tecnológica

Para avaliar a capacidade tecnológica das empresas na indústria eletrônica de Manaus, o livro traça a evolução tecnológica dessas empresas durante o período mais longo possível. Examina o histórico de cada uma delas e registra seus feitos, atividades e competências na área tecnológica.

O livro igualmente examina o processo de aprendizagem das empresas e os fatores que contribuem para acelerar ou retardar o ritmo de desenvolvimento de sua capacidade tecnológica. Tal análise também focaliza a maneira pela qual os vínculos de conhecimento entre as empresas contribuem para o desenvolvimento local e, conseqüentemente, a formação de um efetivo núcleo desenvolvimentista na indústria eletroeletrônica. O livro valeu-se de dois conceitos básicos:

- níveis de capacidade tecnológica;
- função de aprendizagem (geração de conhecimento e capacitação) dos vínculos interorganizacionais.

3.1.2.1 Gama da atividade tecnológica na indústria eletrônica global

O modelo classificatório de Hobday (1999) facilita a compreensão de toda a atividade tecnológica em uma empresa eletrônica global.

O modelo da figura 3.1 mostra os níveis de atividade tecnológica, desde por exemplo, mudanças no estoque antigo através de apoio tecnológico e serviços de engenharia (níveis 1 e 2), capacidade para instalar equipamento de último tipo (nível 3), pequenas adaptações e desenvolvimento de produtos e processos a curto prazo (de seis meses a um ano) (nível 4), desenvolvimento e pesquisa a médio prazo (nível 5), pesquisa de ponta (nível 7). Tal classificação oferece uma perspectiva geral das atividades de 4 a 7, que são equivalentes aos níveis de 4 a 6 do quadro 3.1.

Figura 3.1

Atividade tecnológica na empresa eletrônica global

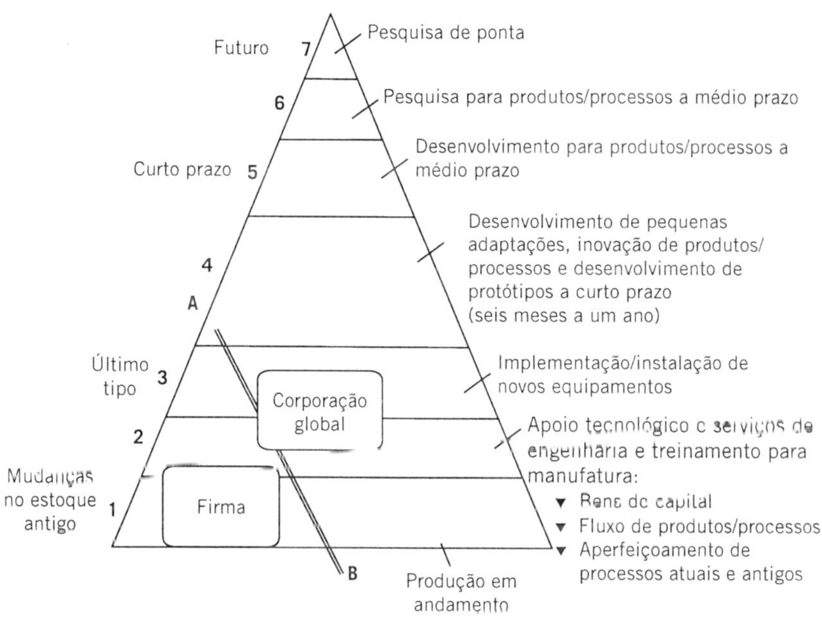

Fonte: Hobday (1999:97).

Dependendo do tipo de produto, tais atividades podem representar de 15 a 30% do custo total da comercialização de inovações bem-sucedidas, tal como estimado por um grupo de especialistas nos anos 1960 (*Panel on Invention and Innovation*, 1967), ou mesmo de 40 a 60%, como constataram pesquisas feitas posteriormente no Canadá, em Israel e nos EUA (Melto et alii, 1980; Stead, 1976; Mansfield et alii, 1972). Embora as atividades de pesquisa e desenvolvimento sejam essenciais para as inovações em tecnologia, as demais atividades tecnológicas cumprem papel igualmente crucial para assegurar que essas inovações sejam introduzidas no mercado, bem como garantir competitividade na produção das empresas. Todavia, as considerações a respeito do desenvolvimento tecnológico local que lançam mão das estatísticas sobre patentes e dos gastos com pesquisa e desenvolvimento (P&D) como indicadores da atividade tecnológica tendem a focalizar apenas as atividades dos níveis de 5 a 7, no topo da pirâmide da figura 3.1. As demais atividades tecnológicas tendem a ser ignoradas. Mais especificamente, como não é provável que as filiais das corporações multinacionais alcancem o nível mais elevado de desenvolvimento de produtos e de P&D — essas atividades ficam restritas aos centros de P&D das corporações ou são realizadas em bases de P&D avançadas e historicamente estabelecidas —, ainda não foi explicado o que leva à atividade tecnológica, nas filiais em locais menos desenvolvidos.

Além disso, no caso das empresas nos países recém-industrializados que geralmente entram em operação sem contar sequer com os níveis básicos de capacidade tecnológica, o uso desses indicadores convencionais não esclarece se as empresas desenvolveram progressivamente níveis mais elevados de capacidade.

Em contrapartida, outros trabalhos sobre a importância da inovação incremental nas empresas do Leste asiático enfatizam a atividade tecnológica na parte inferior da pirâmide da figura 3.1. Entretanto, esses tipos de atividade tecnológica costumam ser genericamente definidos como "tecnologia de processos", "inovação de processos", "melhoramentos contínuos ou incrementais", "pequenas adaptações" ou "desenvolvimento secundário". Na indústria eletrônica malaia, por exemplo, considera-se que as filiais externas de empresas transnacionais (ETNs) adquiriram capacidade para fazer pequenas adaptações e melhoramentos incrementais nos processos e, em certos casos, desenvolvimento a curto prazo.

3.1.2.2 Níveis e tipos de capacidade tecnológica das empresas

Este estudo adota, pois, o modelo ilustrativo da capacidade tecnológica industrial formulado em Bell & Pavitt (1995), adaptado de Lall (1992), porque eles fazem uma refinada desagregação dos diferentes níveis e tipos de capacidade. No caso da indústria eletrônica, elaborou-se um modelo sob medida, conforme apresentado no quadro 3.1. Os níveis de capacidade tecnológica em Manaus são confrontados com os padrões internacionais, e é feita referência às atividades na indústria eletrônica global e regional.

O modelo do quadro 3.1 estabelece uma distinção entre:

- competência operacional rotineira — entendida como a capacidade para produzir bens com certos níveis de eficiência e certos requisitos de insumos; podendo ser definida como competências, conhecimentos e arranjos organizacionais ligados ao *uso de tecnologia existente*;
- competência tecnológica inovadora — é definida como a capacidade de criar, modificar ou aperfeiçoar produtos, processos e a organização da produção ou do equipamento. Pode ser definida como capacidade para gerar mudanças, consistindo em conhecimentos, experiências e arranjos organizacionais ligados à *modificação de tecnologia*.

O modelo estabelece, portanto, uma distinção entre os diferentes tipos de capacidade tecnológica (colunas do quadro 3.1) pelas quais as empresas podem desenvolver progressivamente níveis mais elevados (linhas do quadro 3.1).

A metodologia também adapta e amplia o modelo classificatório de Hobday (1999), apresentando uma classificação mais sistemática das atividades nas seções média e inferior da pirâmide da figura 3.1, ou seja, níveis 1 a 5, que representam o grosso da atividade tecnológica na indústria eletrônica global. Em suma, os diferentes níveis de capacidade tecnológica seguem aproximadamente o modelo de Hobday (1999). Aqui, ambos os modelos têm quase o mesmo número de níveis (sete e seis), mas em nosso modelo as atividades de cada nível foram definidas mais sistematicamente segundo as diferentes funções da empresa.

Quadro 3.1

Acumulação de capacidade tecnológica na indústria eletrônica: estrutura de mensuração

Tipos de capacidade/ Níveis de capacidade	Gestão de projetos	Equipamento, ferramentaria, prensagem em metal, moldagem em plástico	Processos e organização da produção	Produtos
		ROTINEIRAS		
Operações básicas (Nível 1)	Consultoria elementar. Elaboração do esboço do projeto. Obras básicas de engenharia. Construção da fábrica. Aquisição de equipamento. Recrutamento.	Manutenção básica, mas fornecedores de equipamento presentes na fábrica.	SKD (*semi-knocked down*): montagem de componentes, somente montagem final. Montagem de kits: desmontagem e remontagem. PPC: planejamento e controle da produção. Organização do fluxo básico de processos. Somente testagem visual.	CQ rotineiro para manter padrões básicos:inspeção de produtos entrantes e acabados, inspeção de produtos expedidos.
Operações básicas (Nível 2)	Instalação, manutenção, serviços. Adaptação dos sistemas existentes. Construção da fábrica.	Manutenção rotineira de ferramentaria e equipamentos. Manutenção preventiva total (TPM). Manutenção produtiva total. Reprodução de itens invariáveis de equipamento.	Fluxo de processos, ajuste de linha. Montagem de componentes separados para montagem completa. CKD (*complete knocked down*): montagem completa (PCBA) e montagem de produto. Melhoria da eficiência a partir da experiência com tarefas existentes. Testagem rotineira.	Reprodução de especificações fixas de CQ rotineiro para manter padrões vigentes: CQ *in-line*. Pequenas modificações de *design* para atender à produção ou ao mercado.

continua

Tipos de capacidade/ Níveis de capacidade	Gestão de projetos	Equipamento, ferramentaria, prensagem em metal, moldagem em plástico	Processos e organização da produção	Produtos
		INOVADORAS		
Capacidade inovadora básica (Nível 3)	Integração dos sistemas. Serviços de gestão de projetos para clientes. Soluções de software personalizado.	Reparação de defeitos no equipamento. Cópia e mera adaptação de projetos/especificações existentes. Instalação de equipamento. Centros de desenvolvimento para prensagem, moldagem e ferramentaria. Engenharia/componentes de metal e plástico de alta precisão.	Criação de departamentos de processos, produção ou engenharia industrial. Melhoria de leiaute e solução de problemas para otimizar a produção. ISO 9002, SPC, QCC, TQM, Testagem in-circuit, burn-in. Sistemas MRP ou JIT.	Criação de departamentos de engenharia de produtos e *design* de produtos. *Design* de produto para manufatura (DFM). Desenvolvimento de produtos eficientes em termos de custo para mercados locais ou diferenciados. *Design* cosmético e mecânico.
Capacidade inovadora intermediária (Nível 4)	Desenvolvimento de software. Gestão de projetos de investimento de grande escala, investimentos internacionais.	Implementação de equipamento automatizado. Centro de *design* de equipamento aperfeiçoado para empresa separada. *Design* de prensagem e moldagem. Ferramentaria de alta precisão, estampagem em metal progressiva, moldagem por injeção de plástico.	Processos de automação, produção flexível e multiqualificada. Reengenharia. Desenvolvimento de novas especificações. Capacidade para passar à produção direta de P&D ou através de HQ.	Centro de *design* aperfeiçoado para firma separada. *Design* próprio de produto para mercados locais ou regionais. *Design* para testagem e solução de problemas DFT/DFD. ISO 9001, desenvolvimento de software, engenharia de sistemas.

continua

Tipos de capacidade/ Níveis de capacidade	Gestão de projetos	Equipamento, ferramentaria, prensagem em metal, moldagem em plástico	Processos e organização da produção	Produtos
Capacidade inovadora avançada (Nível 5)	Gestão de projetos em escala global. Projeto pronto para entrar em operação. Centros de treinamento e serviços para ETNs, clientes ou fornecedores.	P&D para especificações e *design* de nova ferramentaria de alta precisão, equipamento automatizado ou sistemas de produção. Patentes. Criação de centros de treinamento em moldagem e ferramentaria de precisão ou moldagem em plástico de precisão, com universidades.	Inovação radical na organização. *Computer integrated manufacturing* (CIM) com clientes, vendedores ou grupo. Análise detalhada de defeitos. Desenvolvimento de manufatura, FA e software TestCAD. Patentes.	Prototipia rápida, *design* VLSI. *Design* elétrico de embalagem. *Design* de substrato e componentes. Análise de materiais e superfície. Aperfeiçoamento para centros de *design* regionais ou internacionais. Serviços de *design* para grupo de ETNs ou clientes.
Capacidade inovadora baseada em pesquisa (Nível 6)		*Design* avançado para produtos e equipamentos de ponta. Líder regional ou global de equipamento CNC, protótipos, estampagem, e moldagem e ferramentaria de alta precisão.	Desenvolvimento de processos e software para produzir e testar *chips* e produtos HDD miniaturizados e de alto desempenho. Produção *time-to-volume*. Pesquisa em materiais avançados e novas especificações para fabricar produtos de ponta.	Líder regional ou internacional em P&D, desenvolvimento de produtos, centros Asics ou de *design* de software. P&D em novas linhas de produtos usando tecnologia de ponta, *wafers* maiores, *chips* e HDD de melhor desempenho. P&D em cristalografia, magnetologia e materiais avançados.

Vale notar que, embora apresente a capacidade tecnológica conforme níveis ou "estágios" como em Gerschenkron (1962), o modelo não pressupõe que todas as empresas necessariamente se capacitem nessa seqüência linear ou que comecem e terminem nos mesmos estágios.

Em geral, é muito difícil separar as atividades relacionadas aos produtos do seu processo de fabricação, incluindo nessa etapa a ferramentaria e o equipamento utilizados. Contudo, mesmo reconhecendo o alto grau de superposição desses diferentes tipos de atividades, o modelo do quadro 3.1 estabelece distinções descritivas entre eles. Dessa forma, é possível fazer observações quanto à capacidade tecnológica envolvida nesses diferentes tipos de atividades, ainda que na prática eles estejam estreitamente interligados.

3.2 Avaliação dos processos de aprendizagem para o desenvolvimento da capacidade tecnológica

3.2.1 Processos de aprendizagem interempresas para o desenvolvimento de capacidade tecnológica

Utilizaremos aqui uma tipologia para compreender os vínculos entre conhecimento e aprendizagem tecnológica existentes entre as empresas, em especial, no contexto da industrialização recente, conforme apresentado no quadro 3.2 e suplementado pela figura 3.2. Esse método envolve a combinação de duas importantes distinções:

Primeiro, a distinção entre:

- os vínculos que dizem respeito, principalmente, às *transações de mercado em bens e serviços*;
- os vínculos que dizem respeito aos *fluxos de conhecimento*.

Quadro 3.2

Tipologia dos vínculos tecnológicos interorganizacionais

	Vínculos baseados em transações de mercado em bens e serviços	**Vínculos de fluxos de conhecimento**	
		Tecnologia existente (produção rotineira)	**Vínculos para inovação**
Uso da capacidade tecnológica	Vínculo MP *(Marketing/Production)* Nesses vínculos de *comercialização/produção*, a interação das empresas é meramente uma relação comercial envolvendo a venda de bens e serviços derivados do uso da capacidade de produção existente, mas não elementos destinados a gerar ou ampliar essa capacidade.		Vínculo I *(Innovation)* Nesses vínculos para *inovação*, a interação é a fonte da inovação. Nesse caso, as empresas já têm capacidade tecnológica inovadora e colaboram no sentido de utilizá-la para introduzir inovações, o que em geral envolve pesquisa, desenvolvimento e *design* conjuntos para novos produtos e processos.
Desenvolvimento de capacidade tecnológica (aprendizagem)		Vínculo LP *(Learning for production)* Esses vínculos de *aprendizagem para produção* permitem às empresas gerar ou ampliar sua capacidade básica de produção. Geralmente uma das empresas recorre à outra para desenvolver a capacidade básica para produzir certos produtos, utilizar certos processos e/ou dominar certas práticas gerenciais e organizacionais.	Vínculo LI *(Learning for innovation)* Através desses vínculos de *aprendizagem para inovação*, as empresas desenvolvem capacidade inovadora básica e intermediária. Isso pode envolver treinamento e aquisição de experiência em nível formal, juntamente com aprendizagem menos formal através de engenharia reversa e melhoramento incremental.

Fonte: Ariffin (2000).

Figura 3.2

Vínculos interorganizacionais entre os grandes grupos estratégicos em Manaus

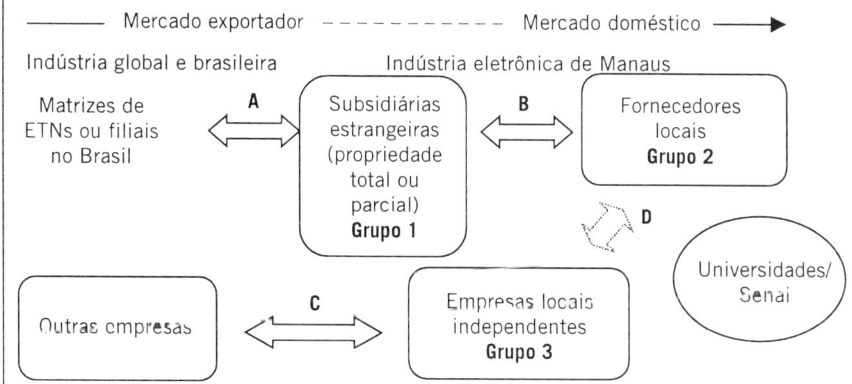

Obs.: As setas representam os vínculos entre os grupos de empresas na indústria eletrônica de Manaus.

Em seguida, a diferenciação entre:

- os vínculos baseados, fundamentalmente, no uso da capacidade já existente nas empresas;
- os vínculos que contribuem significativamente para gerar essa capacidade.

Os primeiros podem existir quando as transações de mercado em bens e serviços envolvem pouca ou nenhuma transferência de aptidões e conhecimentos que ampliem a capacidade tecnológica já existente nas empresas.

Por outro lado, os vínculos com outras empresas podem envolver considerável fluxo de aptidões e conhecimentos que ajudem as empresas a desenvolver sua capacidade, seja em termos de produção (como em vários contratos de licenciamento) ou de capacidade tecnológica inovadora.

Essa tipologia dos vínculos interorganizacionais fornece um modelo geral para examinar os fluxos de conhecimento entre as empresas na indústria eletrônica de Manaus. Além disso, acrescentamos outro tipo de vínculo, envolvendo o *fluxo inverso* de tecnologia e tomando por base a experiência de algumas subsidiárias. Na tabela 4.4 (capítulo 4, seção 4.5.1), é apresentada a medição dos vários fluxos de conhecimento interorganizacionais.

3.2.2 Processos de aprendizagem intra-empresas para o desenvolvimento da capacidade tecnológica

Nossa avaliação se baseia no modelo de processos de aprendizagem desenvolvido em Figueiredo (2001), apresentado no quadro 3.3. Esse modelo identifica quatro processos de aprendizagem. São estes os processos externos e os processos internos de aquisição de conhecimento, os processos de compartilhamento e os processos de codificação de conhecimento, os quais serão mais detalhadamente explicados.

3.2.2.1 Definição dos quatro processos de aprendizagem

O modelo separa a aprendizagem em processos de aquisição de conhecimento e processos de conversão de conhecimento. Os primeiros são ainda divididos em externos e internos. Este livro discrimina o processo de conversão de conhecimento em socialização do conhecimento e codificação do conhecimento. Assim, o modelo consiste em quatro processos de aprendizagem, cada um deles encerrando diferentes subprocessos, mecanismos ou práticas. Portanto, os processos de aprendizagem (linhas do quadro 3.3) são assim definidos:

- Processos externos de aquisição de conhecimento — são processos pelos quais os indivíduos adquirem, fora da empresa, conhecimento tácito e/ou codificado. Para tanto pode-se recorrer à importação de *know-how*, à assistência técnica e ao treinamento no exterior. Outros processos podem envolver a canalização sistemática de conhecimento externo codificado, o convite a especialistas para proferir palestras etc.
- Processos internos de aquisição de conhecimento — trata-se de processos pelos quais os indivíduos adquirem conhecimento tácito

exercendo diferentes atividades dentro da empresa; por exemplo, participando na rotina diária e/ou introduzindo melhorias nos processos existentes, na organização da produção, no equipamento e nos produtos. Tal processo pode se dar também através de atividades de pesquisa em centros de P&D formalmente organizados, laboratórios instalados nas fábricas e/ou experimentação sistemática nas unidades operacionais.

- Processos de socialização do conhecimento — através dos quais os indivíduos compartilham seu conhecimento tácito (modelos mentais e aptidões técnicas). Em outras palavras, quaisquer processos formais ou informais pelos quais o conhecimento tácito é transmitido de um indivíduo ou grupo de indivíduos para outro, podendo isso envolver observação, reuniões, solução de problemas em conjunto e rotatividade de funções. O treinamento pode servir também como processo de socialização do conhecimento. Por exemplo, nos programas de treinamento, os indivíduos com formação e experiência diversas podem partilhar seu conhecimento tácito com estagiários e instrutores. O modelo leva em conta diferentes tipos de treinamento, como treinamento interno (cursos), treinamento no trabalho (OJT) e treinamento para outras empresas. Esses tipos de treinamento podem ser precedidos de um treinamento básico, visando, por exemplo, a melhoria dos conhecimentos aritméticos e de linguagem.

- Processos de codificação do conhecimento — através deles o conhecimento tácito dos indivíduos (ou parte deste saber) torna-se explícito. São os processos pelos quais o conhecimento tácito se articula em conceitos explícitos, em formatos organizados e acessíveis, e em métodos, tornando mais fácil sua compreensão. Conseqüentemente, o processo facilita a disseminação do conhecimento por toda a empresa, o que pode envolver a padronização dos métodos de produção, documentação e organização de seminários internos. A criação de módulos de treinamento por pessoal da empresa pode envolver processos de socialização do conhecimento e processos de codificação do saber. Os processos de socialização do conhecimento e de codificação do conhecimento são essenciais para a conversão do conhecimento individual em conhecimento organizacional.

Quadro 3.3

Processos de aprendizagem na empresa em industrialização: modelo ilustrativo

Processos de aprendizagem	Variedade Inexistente — Existente (Limitada — Moderada — Ampla)	Intensidade Uma vez — Intermitente — Contínuo	Funcionamento Ruim — Razoável — Bom — Excelente	Interação Fraca – Média — Forte
	Processos e mecanismos de aquisição de conhecimento			
Aquisição externa de conhecimento	Existência/inexistência de processos de aquisição de conhecimento em âmbito local e/ou externo (por exemplo, importação de *know-how*, treinamento no exterior). Ampla variedade pode trazer *know-how* diferenciado para a empresa.	O uso desse processo pode ser contínuo (treinamento anual no exterior para engenheiros e operadores), intermitente ou uma vez (treinamento esporádico no exterior).	O modo como um processo é criado (critérios para enviar indivíduos para treinamento no exterior) e o modo como ele funciona ao longo do tempo podem fortalecer ou mitigar a variedade e a intensidade. *Timing*: "aprender antes de fazer".	O modo como um processo influencia outros processos internos ou externos de aquisição de conhecimento (treinamento no exterior, "aprendizado na prática") e/ou outros processos de conversão do saber.
Aquisição interna de conhecimento	Existência/inexistência de processos de aquisição de conhecimento mediante atividades internas, que podem ser operacionais, rotineiras e/ou inovadoras (desenvolvimento de produtos).	O modo como a empresa usa os diferentes processos internos de aquisição de conhecimento pode influenciar a compreensão que os indivíduos têm dos princípios envolvidos na tecnologia.	O modo como um processo é criado (centros de pesquisa) e o modo como ele funciona ao longo do tempo têm conseqüências práticas para a variedade e a intensidade. *Timing*: "aprender antes de fazer".	A aquisição interna de conhecimento pode ser desencadeada pelo processo externo de aquisição de conhecimento (melhoramentos na fábrica decorrentes do treinamento no exterior). Isso pode desencadear processos de conversão do saber.

continua

Processos de aprendizagem	Variedade Inexistente — Existente (Limitada — Moderada — Ampla)	Intensidade Uma vez — Intermitente — Contínuo	Funcionamento Ruim — Razoável — Bom — Excelente	Interação Fraca – Média — Forte
Processos e mecanismos de conversão de conhecimento				
Socialização do conhecimento	Existência/inexistência de diferentes processos pelos quais os indivíduos compartilham seu conhecimento tácito (reuniões, solução de problemas em conjunto, OJT).	A continuidade de processos como o OJT. A socialização contínua do conhecimento pode conduzir à codificação do saber.	O modo como são criados os mecanismos de socialização do conhecimento (treinamento interno) e o modo como eles funcionam ao longo do tempo têm conseqüências práticas para a variedade e a intensidade do processo de conversão do saber.	Incorporação dos diferentes conhecimentos tácitos num sistema viável (estabelecimento de vínculos de saber). A socialização pode ser influenciada pelos processos externos ou internos de aquisição de saber.
Codificação do conhecimento	Existência/inexistência de diferentes processos e mecanismos de codificação do conhecimento tácito (documentação sistemática, seminários internos etc.)	A repetição de processos tais como a padronização das operações. A inexistência ou intermitência de codificação pode restringir a aprendizagem organizacional.	O modo como é criada a codificação do conhecimento e o modo como ela funciona ao longo do tempo influenciam todo o processo de conversão do saber, bem como sua variedade e intensidade.	O modo como a codificação do conhecimento é influenciada por processos de aquisição de conhecimento (treinamento no exterior) ou por outros processos de socialização do conhecimento (formação de equipes).

Fonte: Figueiredo (2001).

3.3 Elementos básicos do desenho e estratégia da pesquisa

3.3.1 Desenho da amostra

Para estudar a acumulação da capacidade tecnológica das empresas na indústria eletrônica de Manaus, selecionamos uma amostra de 29 grandes empresas de produtos de consumo eletroeletrônicos lá instaladas. O principal critério de seleção das empresas foi baseado numa amostragem proposital (Patton, 1990). Diferentemente da amostragem por probabilidade, a lógica e a eficácia da amostra proposital consistem em selecionar casos dos quais se podem extrair dados referentes a aspectos de grande importância para os objetivos da pesquisa (Patton, 1990). A tabela 3.1 apresenta a distribuição por atividade das empresas pesquisadas.

Tabela 3.1
Distribuição das empresas pesquisadas

Tipo de atividade industrial	Número de empresas
Eletrônica de consumo	12
Componentes	7
Computadores	4
Equipamentos de telecomunicação	3
Eletrodomésticos	2
Injeção plástica	1
Total	29

3.3.2 Coleta de dados

Nosso estudo foi realizado em três fases:

- fase 1 (exploratória) — novembro de 1999. Nessa fase procurou-se confirmar a viabilidade do estudo e dos modelos analíticos, além de efetuar o primeiro contato com algumas empresas. Foram feitas entrevistas em nove empresas e três instituições ligadas ao pólo industrial;
- fase 2 (piloto) — julho de 2000. Nessa fase foram feitas entrevistas em 22 empresas. Os modelos analíticos foram calibrados e as perguntas das entrevistas foram ajustadas. Cada entrevista foi seguida de uma visita à fábrica;
- fase 3 (trabalho de campo) — outubro de 2000/março de 2001. Nessa fase, os dois pesquisadores fizeram entrevistas detalhadas com gerentes, engenheiros e técnicos das 29 empresas da amostra. Cada entrevista durou em média duas horas e foi seguida de visitas e observação direta. Os dados colhidos durante a fase piloto foram confirmados em cada empresa.

Em cada uma dessas fases, entrevistas detalhadas, reuniões informais e observações *in loco* serviram como estratégias para a coleta de dados empíricos. As entrevistas e reuniões foram realizadas com diretores, gerentes, engenheiros, supervisores e até operadores. Como fontes de dados empíricos secundários, também foram utilizados folhetos, livros e vídeos produzidos pelas empresas. Além disso, foram entrevistados dirigentes de instituições como o Centro das Indústrias do Estado do Amazonas (Cieam), a Fundação Centro de Análise, Pesquisa e Inovação Tecnológica (Fucapi), a Federação das Indústrias do Estado do Amazonas, a Superintendência da Zona Franca de Manaus (Suframa) e o Serviço Nacional de Aprendizagem Industrial do Amazonas (Senai-AM).

3.3.3 Análise dos dados

Os dados originais foram inseridos numa base de dados Access, permitindo, assim, a entrada dos dados qualitativos das entrevistas como dados em formato "memo" e texto. Para proceder com mais eficiência à análise estatística, a maioria desses dados qualitativos em formato "memo" e texto foi convertida em dados quantitativos com base no programa estatístico SPSS formato 9.0. Paralelamente, os dados qualitativos sobre atividades, competências e vínculos interorganizacionais de aprendizagem das empresas foram analisados com base em matrizes analíticas elaboradas segundo os modelos dos quadros 3.1 a 3.3.

CAPÍTULO 4

Desenvolvimento de competências tecnológicas e inovação na indústria eletrônica em Manaus

Este capítulo focaliza os níveis e tipos de capacidade tecnológica desenvolvidos nos últimos 25 anos pelas empresas incluídas em nossa amostra da indústria eletrônica em Manaus. Primeiramente, a seção 4.1 resume as principais características das empresas da amostra. A seção 4.2 descreve os níveis e tipos de capacidade tecnológica observados nessas empresas, conforme a estrutura da tabela 3.1. Indicadores adicionais de desenvolvimento de competências tecnológicas — capacidade de tomada de decisão e nível de automação — são examinados na seção 4.3. Algumas evidências adicionais sobre as características do desenvolvimento de competências tecnológicas nas empresas da amostra são apresentadas na seção 4.4. A seção 4.5 analisa de forma sucinta os principais fatores que influenciaram o desenvolvimento dessa capacidade tecnológica. Finalmente, na seção 4.6 apresentamos uma breve comparação entre Manaus e Malásia em termos de desenvolvimento de competências tecnológicas na indústria eletrônica.

4.1 Breve perfil das empresas incluídas na amostra

Apresentamos aqui algumas das principais características das empresas da amostra, tal como ilustradas pelas figuras 4.1 a 4.6. A amostra é composta por cerca de 40% de empresas locais e cerca de 60% de subsidiárias de empresas transnacionais (ETNs), como mostrado na figura 4.2.

Figura 4.1

Incidência das datas de início das empresas da amostra

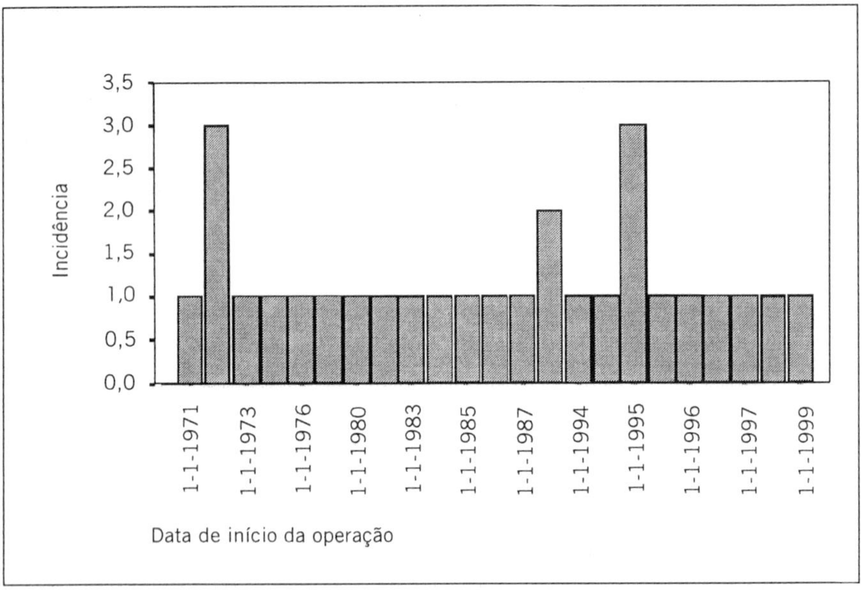

Figura 4.2

Origem das empresas da amostra

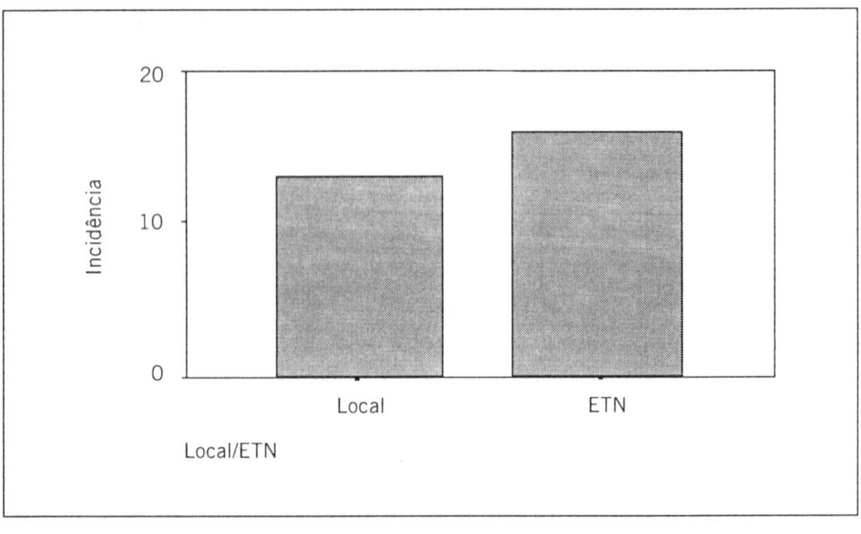

Figura 4.3

Base das empresas da amostra

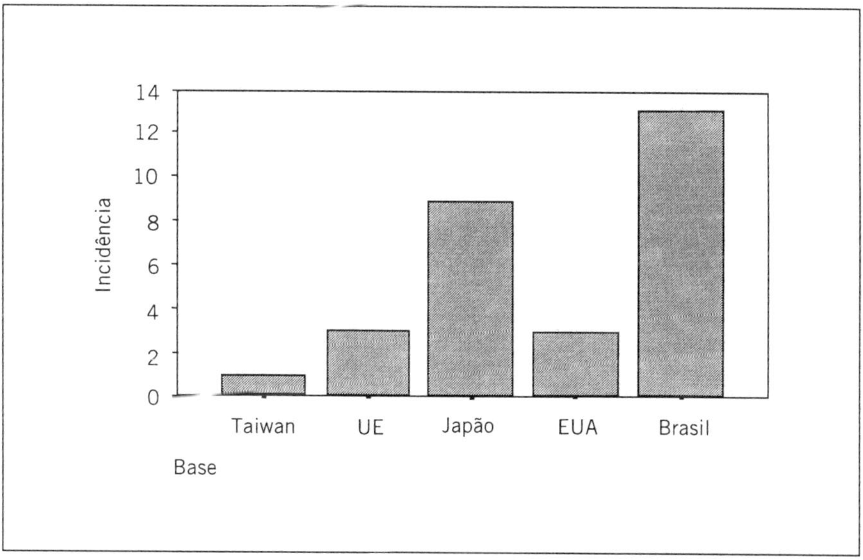

Figura 4.4

Base e grupo das ETNs

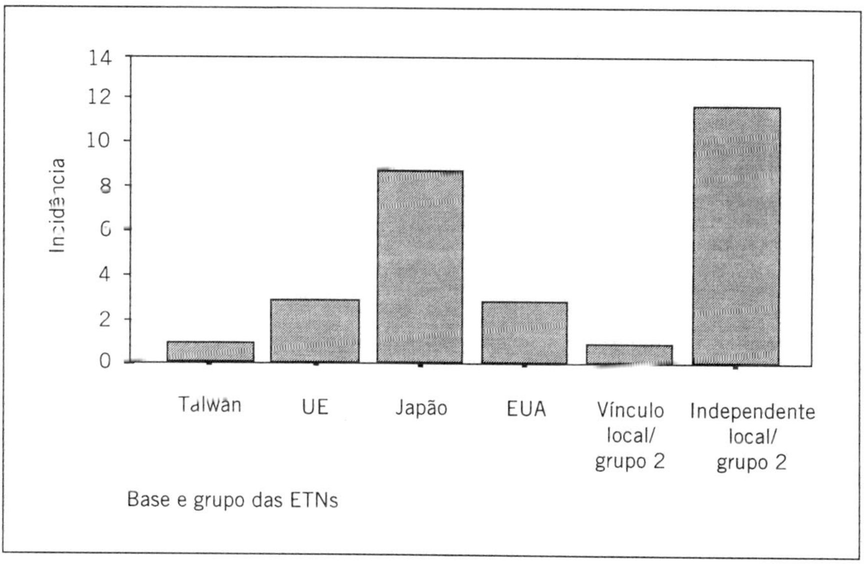

Figura 4.5

Propriedade do capital

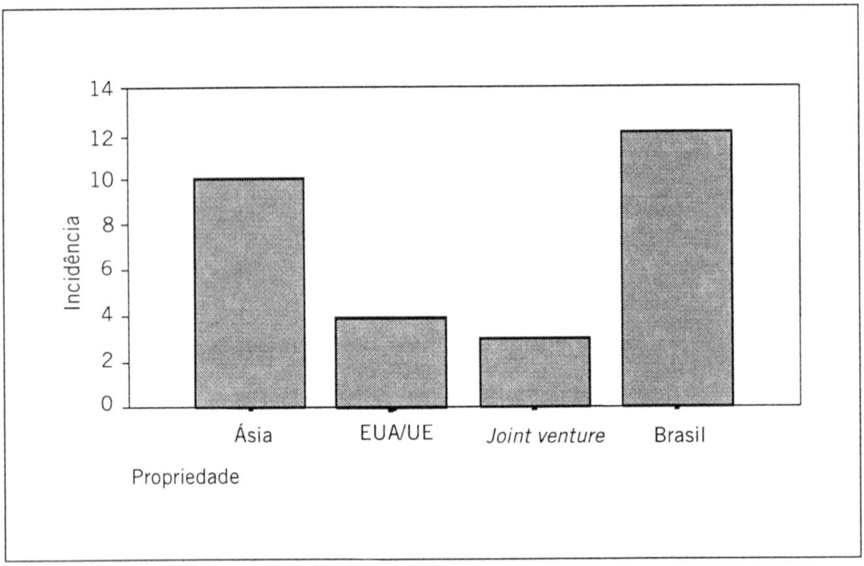

Figura 4.6

Incidência de exportação nas empresas da amostra

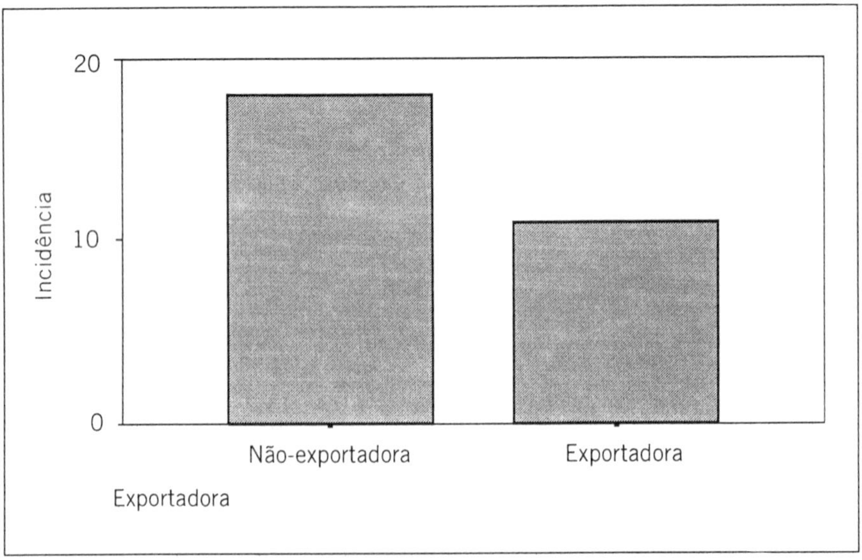

Figura 4.7

Incidência de empresas OEM (*original equipment manufacturing*) e OBM (*own brand manufacturing*)

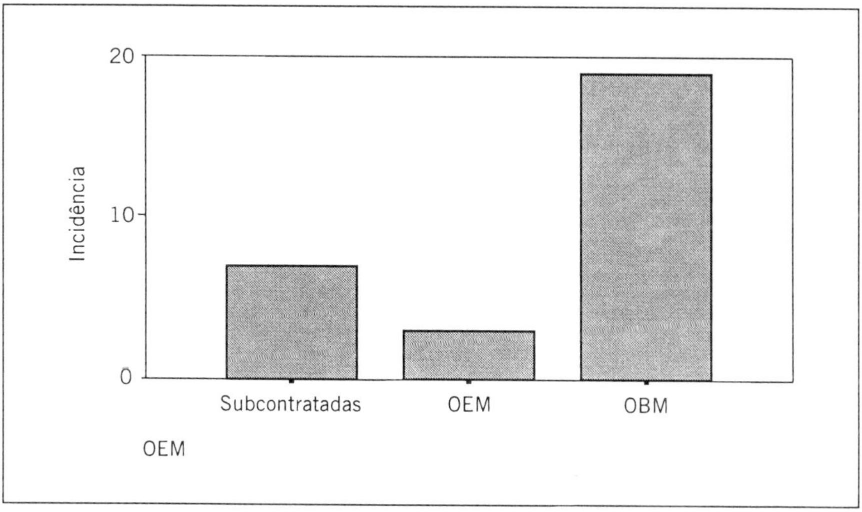

4.2 Desenvolvimento da capacidade tecnológica e inovação

Esta seção descreve as capacitações tecnológicas desenvolvidas nos últimos 25 anos por todas as empresas da amostra, tanto locais quanto subsidiárias de ETNs. Tomando por base o modelo da tabela 3.1. O número total de empresas da amostra que desenvolveram certos tipos e níveis de capacidade tecnológica até o primeiro trimestre de 2001 é mostrado na tabela 4.1 e na figura 4.8.

Como mostra a segunda coluna da tabela 4.1, considerando os níveis de capacidade desenvolvidos, independentemente do tipo de atividade, 93% das empresas da amostra desenvolveram capacidade tecnológica inovadora. Em outras palavras, tais empresas desenvolveram capacidade entre os níveis 3 e 5. Destas, 24% desenvolveram capacidade tecnológica avançada ou capacidade de nível 5. Somente duas das empresas da amostra, ou 7%, limitaram-se a operações básicas, mesmo assim de nível 2. Nenhuma empresa da amostra ficou confinada ao nível 1.

Com base na tabela 3.1, as subseções seguintes descrevem os níveis de capacidade tecnológica desenvolvidos nas empresas da amostra para atividades específicas. A tabela 4.1 e as figuras 4.9 a 4.12 mostram o número de empresas que desenvolveram níveis de capacidade para atividades tecnológicas específicas.

4.2.1 Domínio das operações básicas

Em geral, todas as empresas (100%) dominam as operações básicas no que se refere a processos e organização da produção, produtos, equipamento, ferramentaria e moldagem — ver segunda coluna da tabela 4.1. Somente duas empresas (6,9%) limitaram-se ao nível de operações básicas, mesmo assim, de nível 2.

Especificamente, todas as empresas mostraram capacidade de alcançar um alto volume de produção, cumprir metas produtivas, realizar testagem rotineira e obter *ramp up* rápido (ou seja, diminuir o tempo de espera na produção de novas linhas de produtos). Todas as empresas podem replicar produtos, seguindo determinadas especificações, realizar controle de qualidade rotineiro para manter os padrões vigentes e fazer pequenas adaptações de *design* para atender à produção ou a diferentes mercados. Todas elas fazem manutenção rotineira de ferramentaria e equipamento, em geral, envolvendo a prática da manutenção preventiva total (TPM). O treinamento inicial em equipamento mais complexo e posteriores reparos de maior importância são realizados pelos fornecedores de equipamento.

Em segundo lugar, entre as empresas que acumularam capacidade operacional básica, constatou-se que tem havido constante progresso no que se refere à fabricação de produtos cada vez mais complexos e valiosos. Geralmente, as empresas partem da montagem de componentes para a montagem completa de produtos acabados, e da montagem completa de produtos simples para a montagem completa de produtos mais complexos e de maior valor adicionado. Por exemplo, de simples sistemas de som analógicos para produtos digitais (Gradiente, Philips e Sony, entre outras).

Tabela 4.1

Número de empresas da amostra que alcançaram níveis específicos de capacidade tecnológica

Tipos e níveis de capacidade tecnológica	Nível de capacidade, independentemente do tipo de atividade	Gestão de projetos	Equipamento, ferramentaria, estampagem, moldagem	Processos e organização da produção	Produtos
Capacidade tecnológica rotineira: capacidade de usar e operar a tecnologia existente					
▼ Operações básicas (Nível 1)	0	0	0	0	0
▼ Operações básicas (Nível 2)	2 6,9%	6 20,7%	7 24,1%	0	11 37,9%
Capacidade tecnológica inovadora: capacidade de gerar e administrar mudanças tecnológicas					
▼ Capacidade inovadora básica (Nível 3)	5 17,2%	16 55,2%	15 51,8%	6 20,7%	13 44,9%
▼ Capacidade inovadora intermediária (Nível 4)	15 51,7%	7 24,1%	4 13,8%	17 58,6%	4 13,8%
▼ Inovação avançada (Nível 5)	7 24,2%	0	3 10,3%	6 20,7%	1 3,4%
▼ Totais	29 100%	29 100%	29 100%	29 100%	29 100%

Fonte: Extraído da pesquisa.

Figura 4.8

Incidência das empresas da amostra que desenvolveram níveis de capacidade tecnológica, independentemente do tipo de atividade

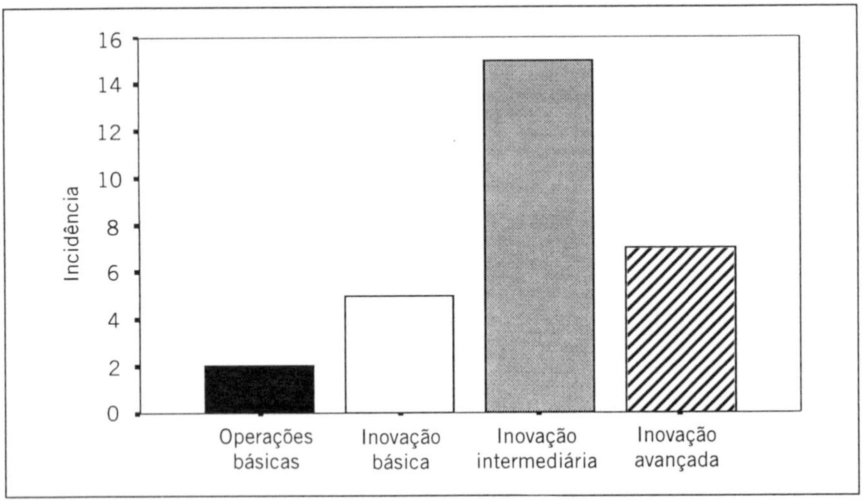

Figura 4.9

Incidência das empresas que alcançaram níveis específicos de capacidade tecnológica para equipamento, ferramentaria, estampagem e moldagem

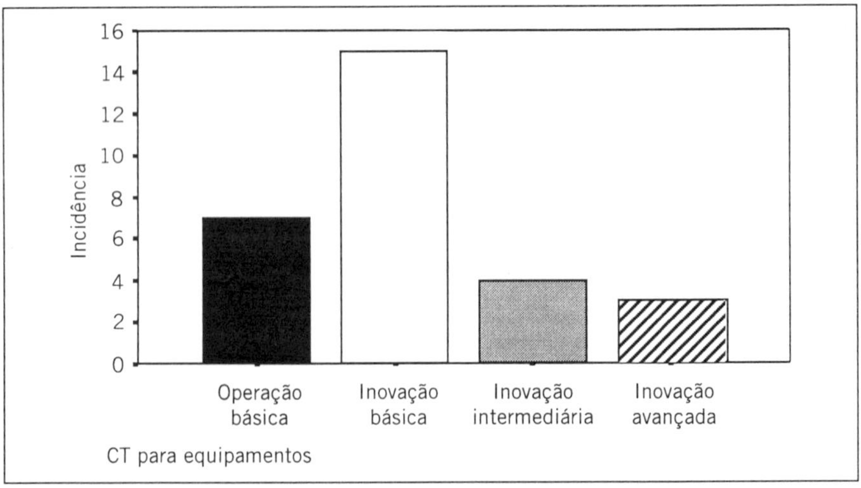

Figura 4.10

Incidência das empresas que alcançaram níveis específicos de capacidade tecnológica para processos e organização da produção

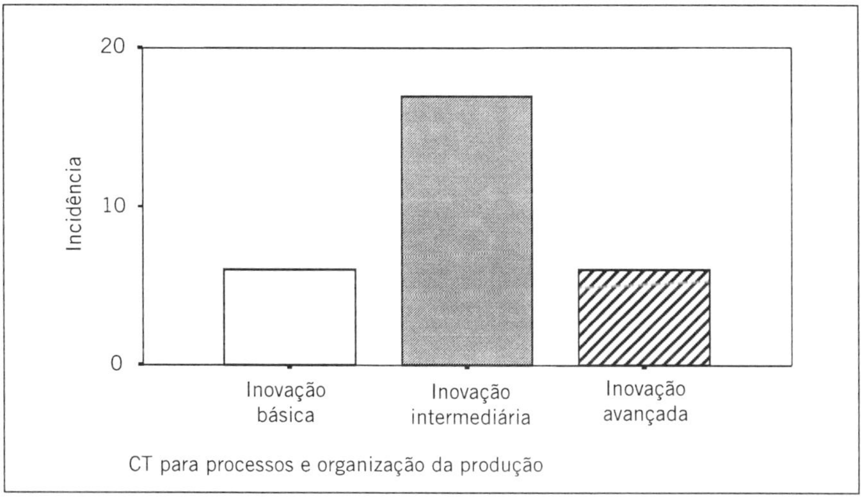

Figura 4.11

Incidência das empresas que alcançaram níveis específicos de capacidade tecnológica para produtos

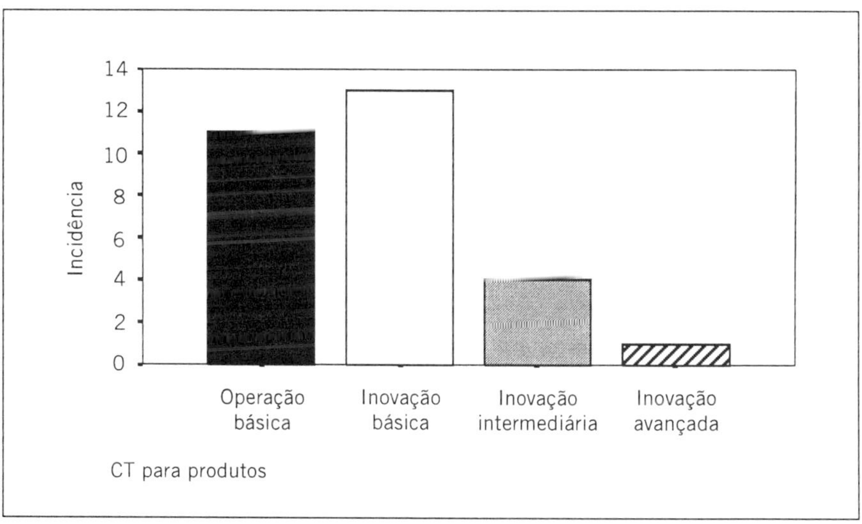

Figura 4.12

Incidência das empresas que alcançaram níveis específicos de capacidade tecnológica para gestão de projetos

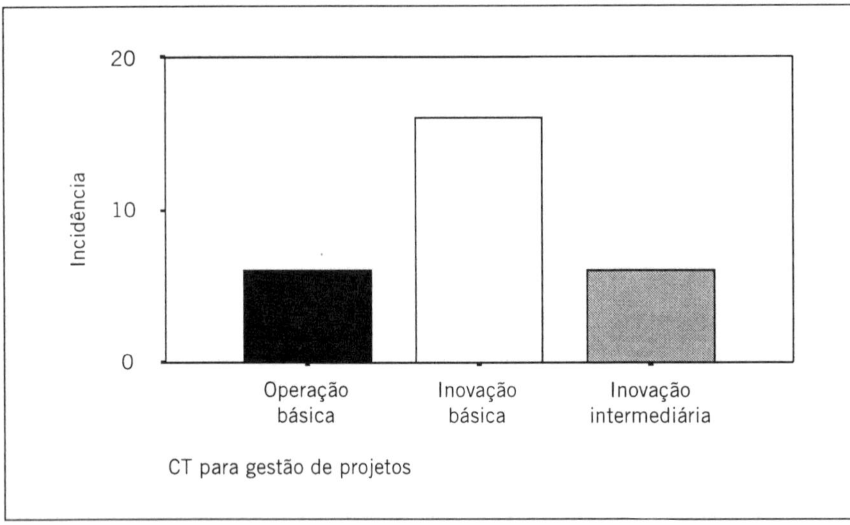

Além disso, todas as empresas da amostra, isto é, subsidiárias de ETNs e empresas locais, incorporaram a testagem às atividades de montagem. No final dos anos 1980, a testagem tornou-se corriqueira em qualquer atividade produtiva. Quanto à iniciativa de incluir a testagem, em parte, decorreu das exigências de qualidade dos sistemas de padronização e também da influência da importação das melhores práticas internacionais.

As seções seguintes focalizam dados referentes às empresas que ultrapassaram o nível das operações básicas (nível 2). Contudo, vale notar que, em termos de gestão de projetos, seis empresas (20%) permaneceram no nível 2; sete (24%) permaneceram no nível 2, em termos de equipamento, ferramentaria, estampagem e moldagem; enquanto 11 empresas (37,9%) não passaram do nível 2, no que se refere a produtos. Porém, nenhuma delas permaneceu no nível 2, em se tratando de processos e organização da produção, tendo passado aos níveis inovadores (níveis 3 a 5).

4.2.2 Capacidade inovadora básica (nível 3)

Além de dominar as operações básicas, mais de 90% das empresas da amostra realizaram, pelo menos, um tipo de atividade inovadora básica, tomando por base o modelo de capacidade tecnológica (ver segunda coluna da tabela 4.1). Dos quatro tipos de capacidade tecnológica, a maioria das empresas realizou atividades inovadoras básicas em processos e organização da produção, e uma proporção relativamente alta realizava atividades inovadoras básicas em produtos (ver quinta linha da tabela 4.1).

Com base na tabela 3.1, em termos de gestão de projetos, 16 empresas (55,2%) estavam no nível 3. Isso reflete a capacidade das empresas de promover a integração de sistemas, prestar serviços de gestão de projetos a clientes e fornecer soluções de software personalizadas.

No que diz respeito a processos e organização da produção, seis empresas (20%) estavam no nível 3, ao passo que outras tinham passado a níveis mais elevados. A atividade inovadora básica em processos e organização da produção, geralmente, tem início com a criação de departamentos ou grupos especializados em engenharia de produção, engenharia de processos ou engenharia industrial. Inicialmente, as atividades se concentram na otimização das linhas de produção, na resolução de problemas de qualidade ligados ao processo produtivo e na redução dos custos de produção.

Quanto às atividades ligadas à resolução de problemas de qualidade dos produtos causados pelo processo produtivo, a maior preocupação das empresas é com a garantia da qualidade e a gestão da qualidade. A maioria das empresas da amostra adota uma série de programas que vão desde o controle estatístico de processos (SPC) e a conformidade com os padrões ISO até os círculos de controle de qualidade (QCC) e a gestão da qualidade total (TQM). Primeiramente, quase todas as empresas nesse nível adotam o SPC para ter um método mais sistemático e rigoroso de garantia da qualidade. Para poder implementar o SPC, as empresas têm que apreender a realizar a amostragem de produtos ou componentes, medir parâmetros de controle de processos, identificar erros através de gráficos de controle estatístico, tomar medidas corretivas e alterar os parâmetros fixados. É evidente que a introdução e implementação do SPC envolve a aprendizagem de técnicas de amostragem estatística e controle de processos, além de requerer atividade inovadora local na solução dos problemas ligados a processos.

Em segundo lugar, como a clientela global exige conformidade com a ISO 9002 (o padrão de qualidade para documentação apropriada do processo e das práticas de produção), a maioria das empresas tem procurado obter os certificados e satisfazer às normas da ISO 9002.

Requerer o certificado da ISO 9002 é algo que consome muito tempo e esforço, sendo necessário formar equipes especiais para organizar e documentar adequadamente cada processo envolvido na produção, testagem e programação das entregas. Embora o certificado ISO 9002 diga respeito à documentação de padrões estabelecidos pela empresa para seus clientes, todo o processo de requerimento, auditoria, observância e renovação que lhe é inerente envolve um volume mínimo de atividades para estruturar adequadamente a organização produtiva da empresa e, em geral, melhorar o processo antigo ou atual. Além disso, a partir de um certo momento, quase todas as empresas nesse nível implementaram círculos de controle da qualidade que buscam, em diferentes graus de intensidade e seriedade, obter idéias e soluções inovadoras de seus operadores e técnicos. A maioria delas tem QCCs que se estabeleceram mais com base naquilo que com a prática passou a fazer parte da cultura organizacional da empresa. Poucas adotam uma gestão da qualidade total que modifique radicalmente suas estruturas organizacionais e produtivas.

Quanto à programação da produção e à gestão de estoques, a maioria das empresas adota sistemas como o de planejamento das necessidades de material (MRP) ou o *just-in-time* (JIT). Este último exige que as empresas se preocupem em minimizar o custo dos estoques, aumentar a eficiência, oferecer produtos de qualidade e produzir em função da demanda. E os fornecedores locais têm de fazer remessas diárias para seus clientes. Por exemplo, a Multibras, principal fornecedora de componentes de plástico injetado (gabinetes de TV, telefones etc.), criou em 1995 um sofisticado e eficiente sistema de remessas diárias para grandes fabricantes de produtos eletrônicos como Sony, Philco e Philips, entre outros.

No que se refere a produtos, 13 empresas (44,9%) estavam no nível 3. Nessa área, algumas empresas deram início a atividades inovadoras básicas, criando departamentos ou grupos especializados em engenharia de produção para promover o desenvolvimento incremental de produtos, ou em engenharia reversa, para fabricar produtos eficientes em termos de custos para mercados locais ou diferenciados. De um modo geral, as empresas realizam projetos a curto prazo, com duração de três a seis meses. Nesse nível de inovação básica, as empresas fabricantes de produtos eletrônicos, aparelhos elétricos, de ar condicionado e equipamentos de telecomunicações começam com *design* acessório ou cosmético e *design* mecânico ou de acabamento externo do produto.

No tocante ao equipamento, 15 empresas (51,7%) estavam no nível 3. As atividades tiveram início com a criação de um departamento, centro ou grupo específico para identificação e solução de problemas, mecanização do equipamento de testagem e desenvolvimento de ferramentaria e equipamento personalizados. Em particular, os fabricantes de semicondutores e componentes eletrônicos adotam mecanismos inteligentes para solucionar problemas de qualidade no processo produtivo, desenvolver um processo automático, produzir artigos em grande volume, aumentar a eficiência (isto é, reduzir o número de operadores ou de etapas de produção) e reduzir custos. Em muitos casos, essas inovações no equipamento se fazem necessárias porque inexistem soluções prontas para problemas relacionados com a produção, a qualidade, a testagem, o tempo de espera prolongado e os caros equipamentos importados. No caso de ETNs, muitos desses equipamentos eficientes e baratos foram vendidos a outras filiais estrangeiras.

4.2.3 Atividades inovadoras intermediárias (nível 4)

Como mostra a tabela 4.1, sete empresas (24%) desenvolveram capacidade de nível 4 para gestão de projetos, enquanto quatro (14%) atingiram esse nível de capacidade para equipamento, ferramentaria, prensagem e moldagem. Além disso, 17 empresas (58,6%) desenvolveram capacidade de nível 4 para processos e organização da produção, ao passo que quatro (13,8%) desenvolveram capacidade desse mesmo nível para produtos.

Em termos de organização da produção, em vez de usar as tradicionais linhas de montagem e esteiras, algumas empresas como a Philco, por exemplo, desenvolveram sistemas flexíveis de produção em lotes, empregando operadores multiqualificados. Tais sistemas foram adotados pelas subsidiárias de indústrias eletrônicas japonesas nas suas grandes linhas de produtos de alto valor adicionado e também pelos seus fornecedores locais.

Quanto à inovação organizacional, um bom exemplo é o sistema *on-line* totalmente integrado de fluxo de produção, desenvolvido internamente pela filial de uma empresa européia estabelecida em Manaus desde o início dos anos 1970.

No que concerne a produtos, o estudo constatou que quatro empresas (14%) da amostra desenvolveram capacidade para modificações no *design* de produtos, interface produto-processo, *design* para manufatura (DFM) e certificação ISO 9002. Além disso, as empresas têm-se empenhado no desenvolvimento conjunto de novos produtos. A Philips Manaus, por exemplo, vem participando ativamente dos trabalhos desenvolvidos nos centros internacionais de *design* de produtos. Tal participação não só reflete o nível da capacidade da empresa nessa área, mas também reduz os esforços no sentido de adaptar os produtos às condições locais ("tropicalização"), uma vez que esses aspectos já são contemplados durante o processo de *design* de produtos. Além disso, as empresas conseguiram transferir software para sistemas integrados (IC), *design* acessório, *design* de chassi e *design* de IC personalizado.

4.2.4 Capacidade tecnológica inovadora avançada

Como mostra a tabela 4.1, três empresas (10,3%) desenvolveram capacidade de nível 5 para equipamento, ferramentaria, estampagem e moldagem, enquanto seis (20%) desenvolveram capacidade desse mesmo nível para processos e organização da produção.

Quanto às atividades ligadas a produtos, nessa área, uma empresa chegou mesmo a alcançar o nível 5. Esse alto nível de capacidade inovadora para diferentes funções tecnológicas sugere que é infundada a visão negativa e pessimista das atividades tecnológicas na indústria eletrônica de Manaus.

No que diz respeito a processos e organização da produção, as empresas conseguiram aperfeiçoar a análise de defeitos, desenvolver sistemas integrados *on-line* e em tempo real de controle da produção, além de introduzir o MRP. Também promoveram, especialmente no início da década de 1990, uma profunda reestruturação organizacional para fazer face às novas condições macroeconômicas.

Em termos de equipamento e ferramentaria, o estudo constatou que três empresas tornaram-se capazes de desenvolver internamente *testing jigs* e equipamento *burn-in*, bem como a reengenharia de equipamento. Tais empresas também conseguiram desenvolver sensores automáticos nos sistemas de esteiras; testagem; dispositivos mecânicos e pneumáticos para acelerar o fluxo de processos; fluxo automatizado de produtos entrantes, em execução (WIP) e acabados.

Foi constatado que uma das empresas da amostra tirou patentes de equipamento de testagem automatizado e software de testagem de múltiplos produtos (TestCAD). Além disso, as empresas com esse nível de capacidade conseguiam fazer moldagem de plásticos de alta precisão e modificações na moldagem de produtos eletrônicos e de telecomunicações.

Em termos de produtos, o estudo mostrou que uma empresa tinha seu próprio centro de *design* em Manaus, sendo capaz de fazer prototipagem rápida e desenvolver seus próprios produtos. Uma empresa brasileira estava igualmente montando um centro de *design* de produtos em Manaus, valendo-se dos incentivos proporcionados pela Lei de Informática.

4.3 Capacidade de tomada de decisão e nível de automação

Essas duas variáveis são aqui consideradas como indicadores adicionais do nível de desenvolvimento da capacidade tecnológica. Todavia, há quem os considere somente como indicadores de desempenho ou, em outras palavras, uma conseqüência do desenvolvimento da capacidade tecnológica da empresa. Entendemos, contudo, que podem ser tomados como mais um indicador da capacitação tecnológica. Porém, talvez ainda mais interessante aqui seja a associação do nível de capacidade de tomada de decisão local e do nível de automação com o desenvolvimento da capacidade tecnológica, conforme será mostrado nas seções 4.3.1 e 4.3.2.

4.3.1 Tomada de decisões e controle em âmbito local

Esse indicador relaciona-se à capacidade gerencial local para tomada de decisões e controle, à capacidade de gestão autônoma, sem interferência externa ou estrangeira. A tabela 4.2 mostra em detalhe os vários níveis dessa capacidade.

Tabela 4.2

Níveis de tomada de decisão e controle em âmbito local nas empresas da amostra

Nível de tomada de decisões e controle em âmbito local	Exemplos reais de atividades que mostram a tomada de decisões e o controle em âmbito local	Número de empresas
Papel limitado ou passivo (Nível 2)	Recrutamento de trabalhadores, treinamento de recursos humanos. Supervisão da montagem e das operações rotineiras.	4 14%
Papel ativo básico (Nível 3)	Monitoramento ativo e controle da seleção da tecnologia e do fornecimento de material ou equipamento. Compra direta de material. Programa de desenvolvimento para identificar e treinar fornecedores locais. Cargos administrativos superiores ocupados por locais (brasileiros).	12 41%
Papel ativo intermediário (Nível 4)	Gestão 100% local. Interface direta com clientes. Maior responsabilidade em planejamento conceitual, desenvolvimento de produtos, comercialização e distribuição. Diretor-gerente local, administração 100% local, ou pessoal local enviado à matriz mundial.	12 41%
Papel ativo avançado (Nível 5)	No caso de filiais de ETNs, a direção local é responsável pela implementação e gestão de novos grandes investimentos, unidade de produção ou subsidiárias, seja no país ou no exterior.	1 3,4%
Total do número de empresas		29

Com base nessa tabela, 12 das 29 empresas da amostra (41%) têm pelo menos papel ativo básico na tomada de decisões e controle em âmbito local. Nessas empresas, a gerência local tem papel mais ativo no monitoramento e controle da seleção e fornecimento de peças e equipamentos não-complexos (por exemplo, esteiras transportadoras). Geralmente, isso tem início com a criação de um departamento ou grupo específico de compras. Nesse nível, a gerência local e os engenheiros interagem com os fornecedores para modificar antigos projetos e especificações, a fim de mecanizar e fabricar peças e equipamentos eficientes em termos de custo.

Ainda com base na tabela 4.2, 24 empresas (82%) têm papel ativo básico e intermediário na tomada de decisões e controle em âmbito local. No caso das compras, isso é feito através de um departamento de compras e atividades afins. As figuras 4.13 a 4.17 mostram a associação entre níveis de decisão e controle e o desenvolvimento de capacidade tecnológica.

Figura 4.13

Níveis de decisão e controle locais e desenvolvimento da capacidade tecnológica (agregado, independentemente do tipo de atividade tecnológica)

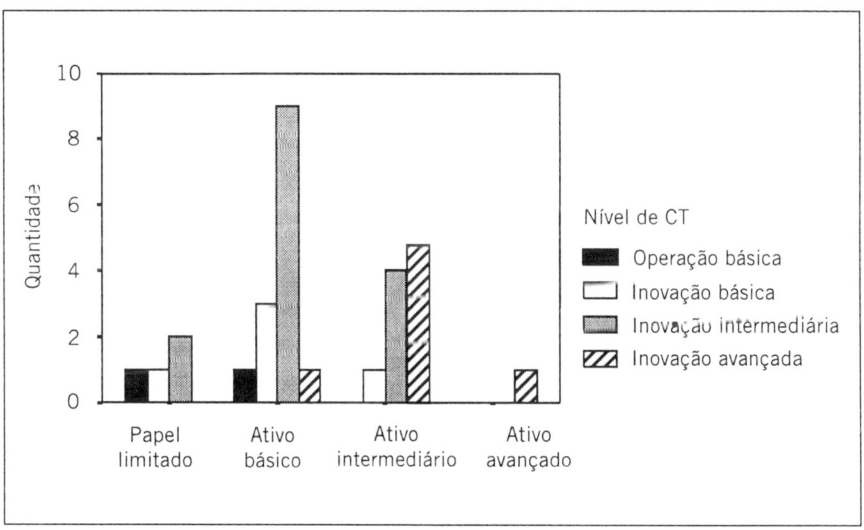

Figura 4.14

Níveis de decisão e controle locais e desenvolvimento da capacidade tecnológica para atividades de gestão de projetos

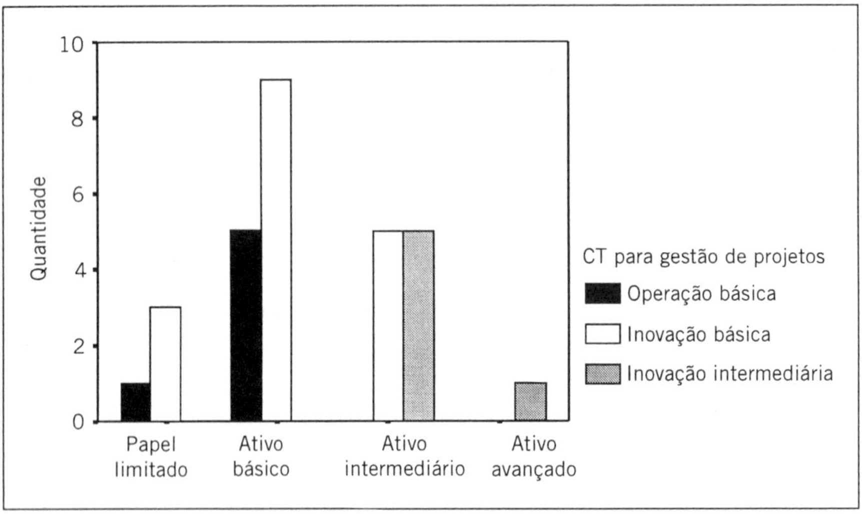

Figura 4.15

Níveis de decisão e controle locais e desenvolvimento da capacidade tecnológica para atividades de equipamentos

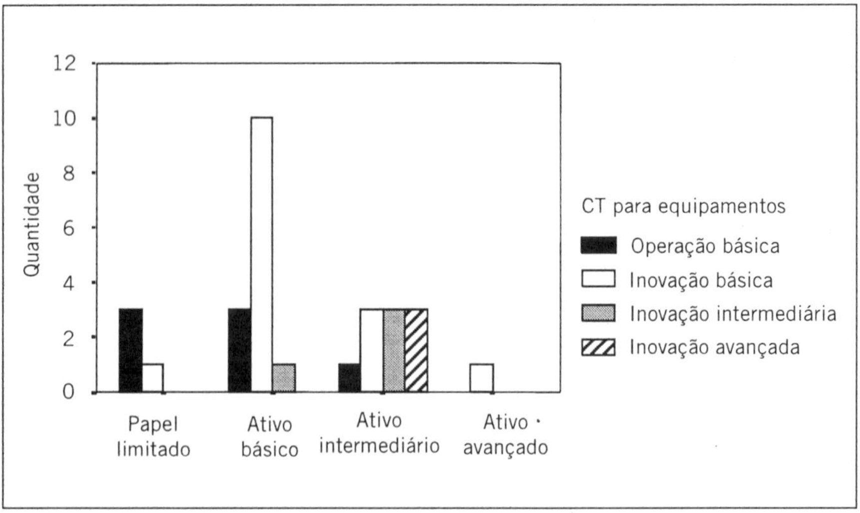

Figura 4.16

Níveis de decisão e controle locais e desenvolvimento da capacidade tecnológica para atividades de processos e organização da produção

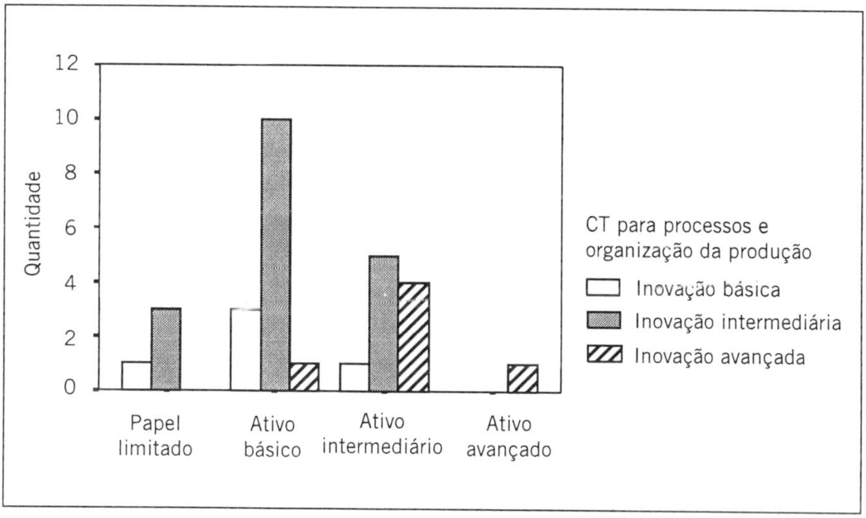

Figura 4.17

Níveis de decisão e controle locais e desenvolvimento da capacidade tecnológica para atividades de produtos

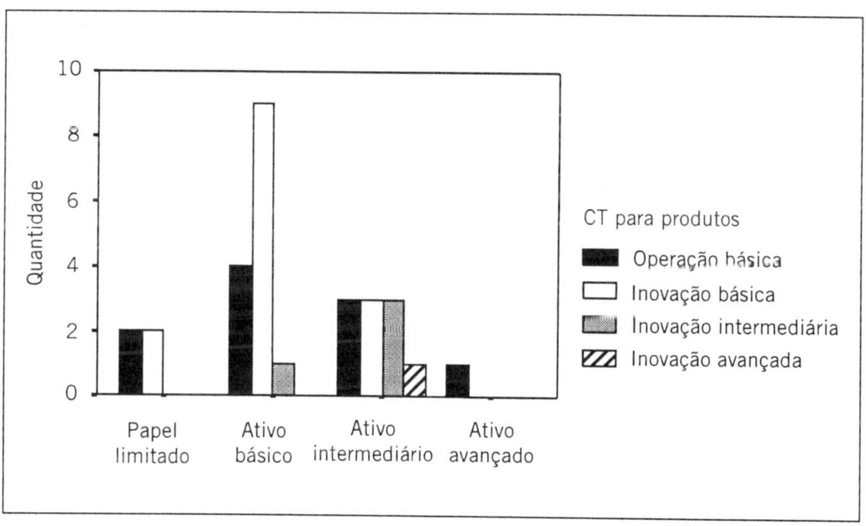

4.3.2 Nível de automação

De modo diverso a tantos outros estudos e teses sobre capacidade tecnológica que estabelecem uma ligação direta entre a simples incidência de automação e a capacidade inovadora, nesta pesquisa o nível de automação é tomado como medida independente. A tabela 4.3 mostra os níveis de automação encontrados nas empresas da amostra.

Somente três das 29 empresas da amostra executam operações totalmente manuais, que consistem no uso de esteiras para montagem manual de componentes e produtos. Nove empresas (31%) têm um nível de automação entre 20 e 30%, ao passo que em 13 firmas esse índice é de aproximadamente 50%. Isso significa que as empresas utilizam uma mistura de esteiras e montagem manual, inserção automatizada para montagem de circuitos impressos, e algumas máquinas de montagem de superfície (SMT). Quatro firmas têm operações de produção totalmente automatizadas; em geral, envolvendo um número relativamente grande de máquinas SMT, braços mecânicos e robôs, fluxo automatizado de produtos em execução e/ou manufatura integrada por computador.

A pesquisa encontrou que as empresas com níveis mais elevados de automação (50% ou mais) são as que apresentam os níveis mais altos de competência tecnológica. Em outras palavras, as evidências sugerem que o nível de automação está fortemente associado a níveis inovadores de competência tecnológica.[6] Isso porque grande parte da automação é resultado de inovações desenvolvidas internamente, ou em colaboração com fornecedores de equipamento, empresas de software, e universidades. As figuras 4.18 a 4.22 mostram a associação entre níveis máximos de automação e o desenvolvimento da capacidade tecnológica.

---

[6] Sobre os testes estatísticos usados para examinar o relacionamento entre essas duas variáveis ver Ariffin e Figueiredo (2002).

Tabela 4.3

Níveis de automação nas empresas da amostra

Nível de automação	Número de empresas
Manual	3 10%
20 – 30% de automação	9 31%
~50% de automação	13 45%
Automação integral ou manufatura integrada por computador (CIM)	4 14%
Total de empresas	29 100%

Figura 4.18

Níveis de automação e desenvolvimento da capacidade tecnológica (agregado, independentemente do tipo de atividade tecnológica)

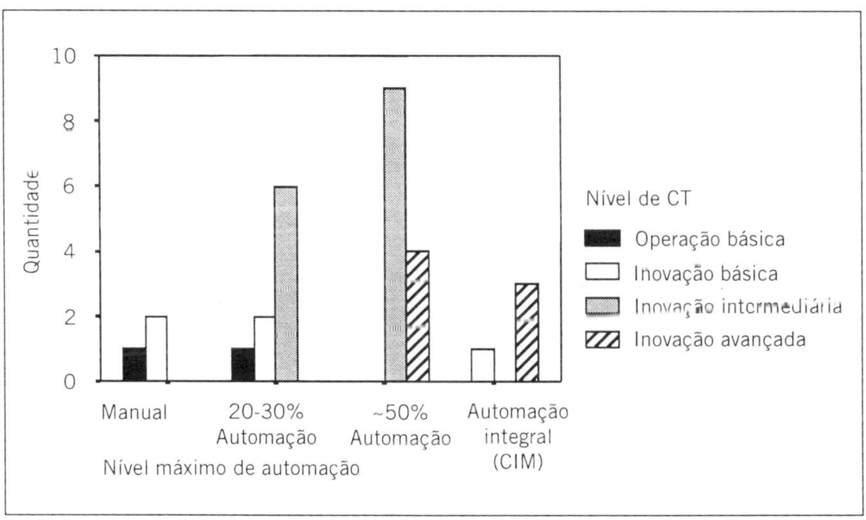

Figura 4.19

Níveis de automação e desenvolvimento da capacidade tecnológica para atividades de gestão de projetos

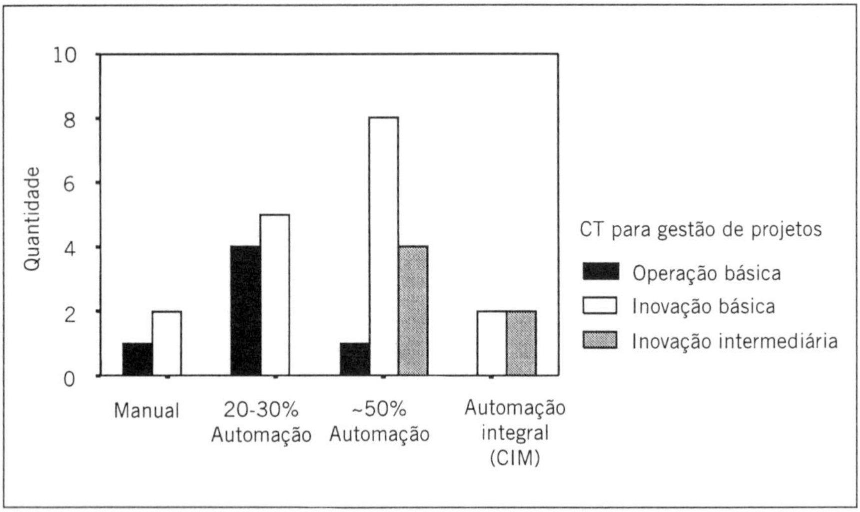

Figura 4.20

Níveis de automação e desenvolvimento da capacidade tecnológica para atividades de equipamentos

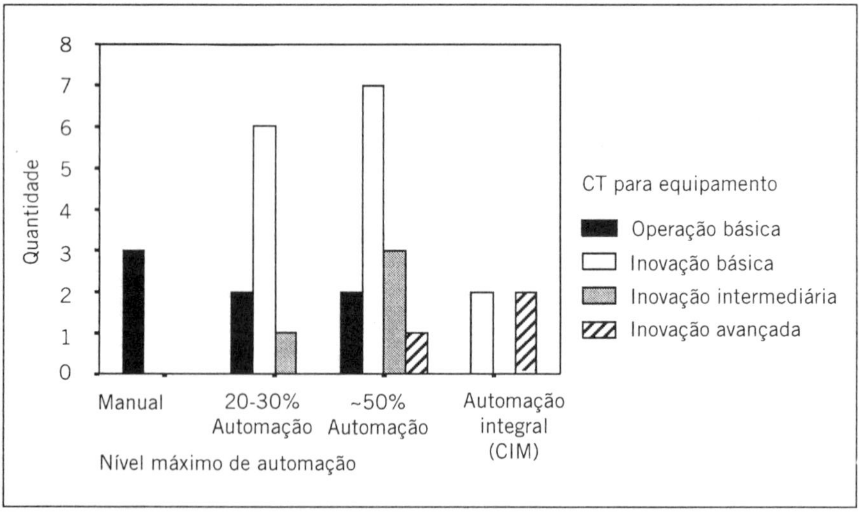

Figura 4.21

Níveis de automação e desenvolvimento da capacidade tecnológica para atividades de processos e organização da produção

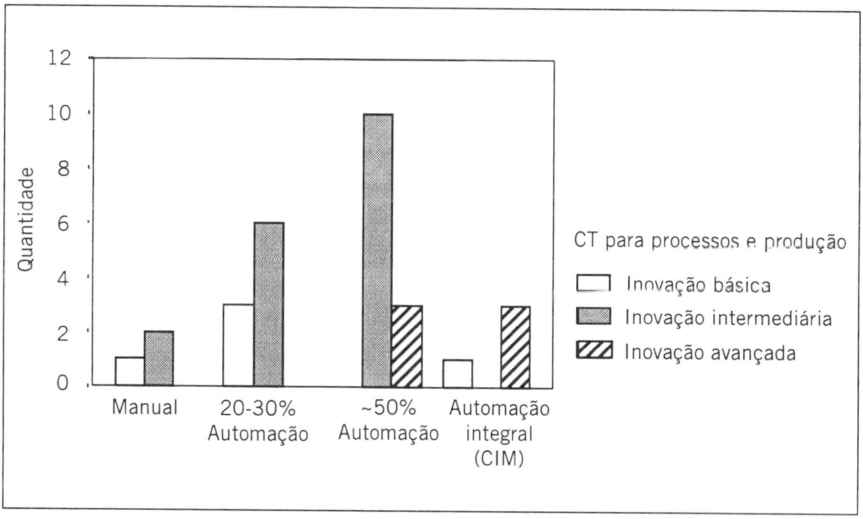

Figura 4.22

Níveis de automação e desenvolvimento da capacidade tecnológica para atividades de produtos

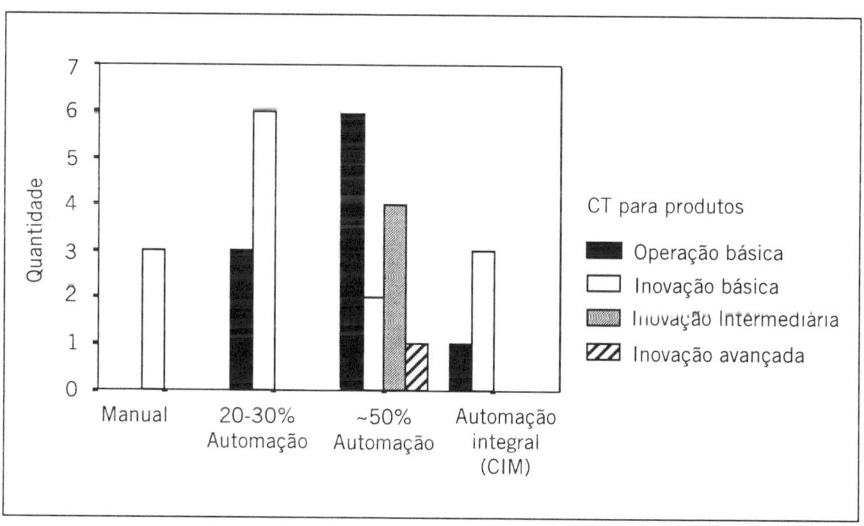

4.4 Evidências adicionais do desenvolvimento da capacidade tecnológica nas empresas da amostra

Esta seção apresenta algumas evidências adicionais relativas às características do desenvolvimento da capacidade tecnológica nas empresas da amostra. A apresentação dessas evidências, fortemente à base de figuras, faz uso do cruzamento de questões como propriedade do capital, exportação, origem e os níveis de capacidade tecnológica (figuras 4.23 a 4.45).

Figura 4.23

Propriedade do capital e desenvolvimento da capacidade tecnológica para gestão de projetos

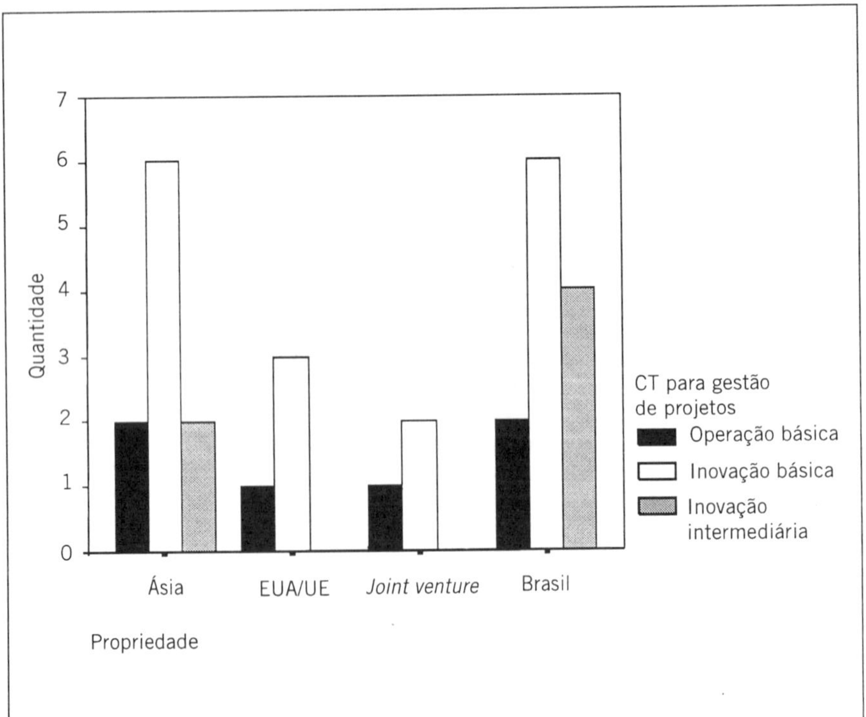

Figura 4.24

Propriedade do capital e desenvolvimento da capacidade tecnológica para atividades de equipamentos

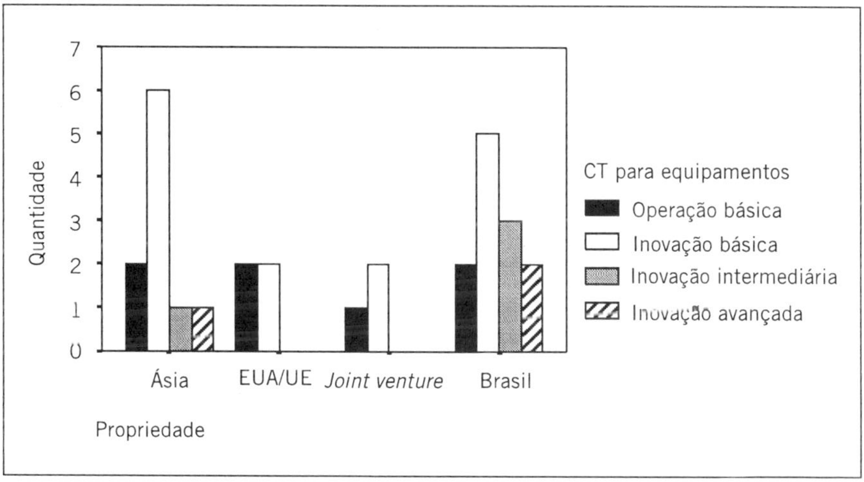

Figura 4.25

Propriedade do capital e desenvolvimento da capacidade tecnológica para atividades de processos e organização da produção

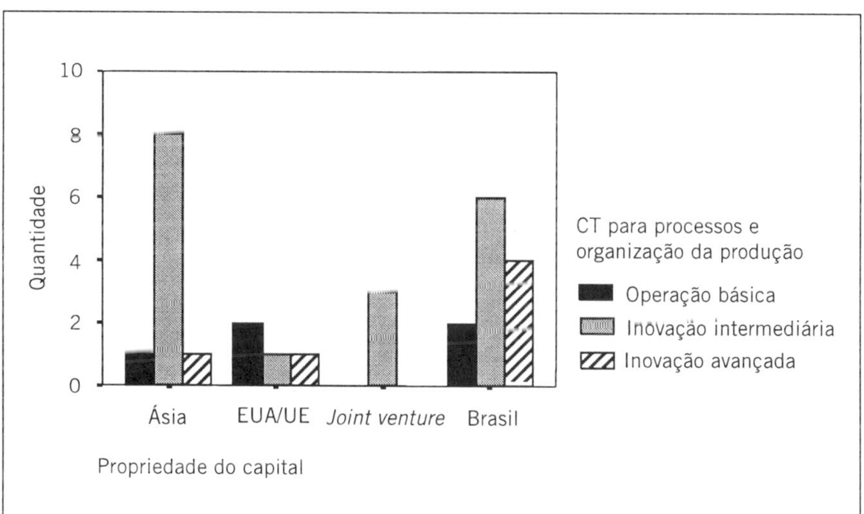

Figura 4.26

Propriedade do capital e desenvolvimento da capacidade tecnológica para atividades de produtos

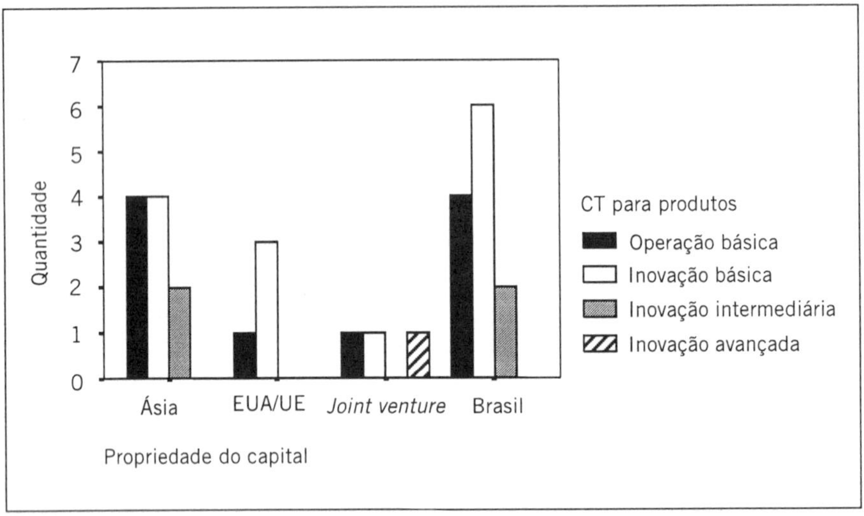

Figura 4.27

Tipo de empresa* e desenvolvimento da capacidade tecnológica para atividades de gestão de projetos

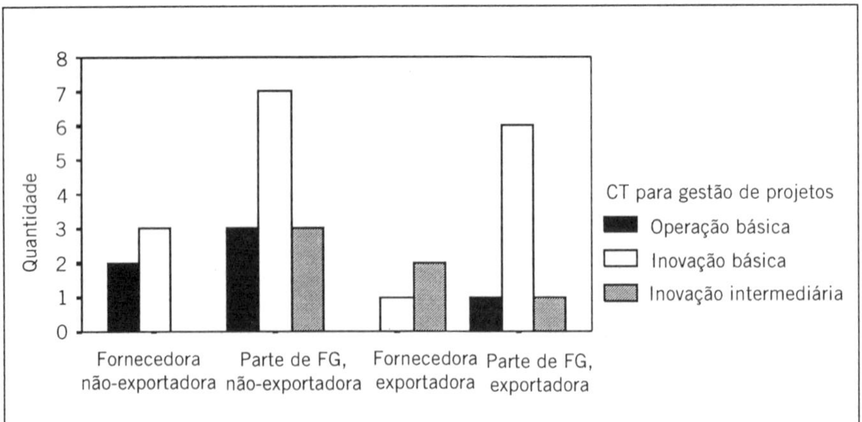

* Empresa exportadora, não-exportadora, fornecedora de componentes, exportadora parte de um FG (*foreign group* — grupo estrangeiro) ou não-exportadora parte de um FG.

Figura 4.28

Tipo de empresa* e desenvolvimento da capacidade tecnológica para atividades de equipamentos

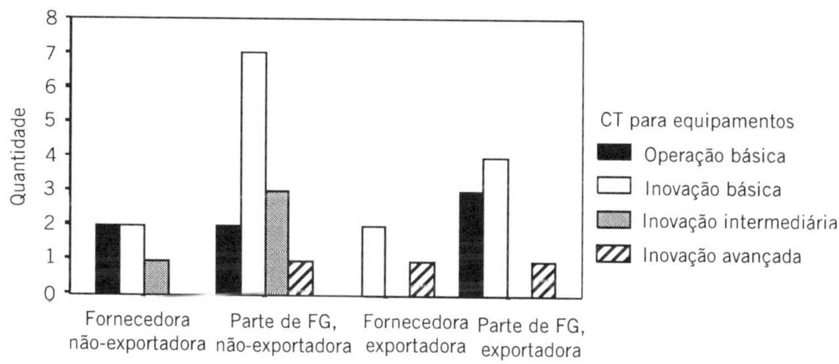

* Empresa exportadora, não-exportadora, fornecedora de componentes, exportadora parte de um FG (*foreign group* — grupo estrangeiro) ou não-exportadora parte de um FG.

Figura 4.29

Tipo de empresa* e desenvolvimento da capacidade tecnológica para atividades de processos e organização da produção

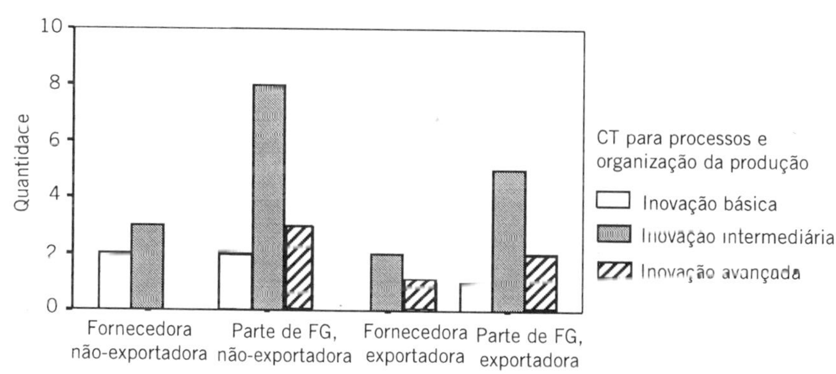

* Empresa exportadora, não-exportadora, fornecedora de componentes, exportadora parte de um FG (*foreign group* — grupo estrangeiro) ou não-exportadora parte de um FG.

Figura 4.30

Tipo de empresa* e desenvolvimento da capacidade tecnológica para atividades de produtos

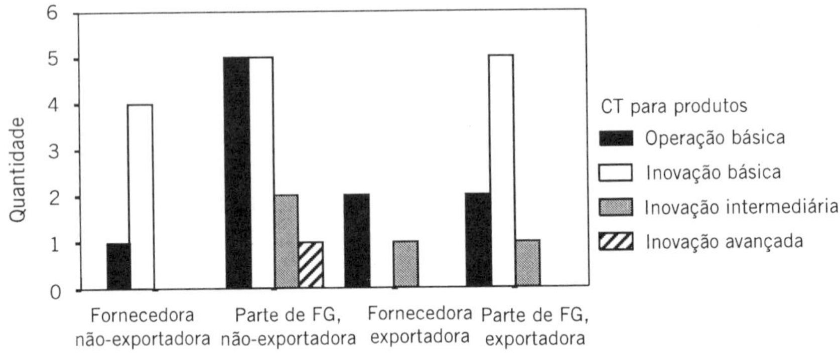

* Empresa exportadora, não-exportadora, fornecedora de componentes, exportadora parte de um FG (*foreign group* — grupo estrangeiro) ou não-exportadora parte de um FG.

Figura 4.31

Exportação e desenvolvimento da capacidade tecnológica (agregado, independentemente do tipo de atividade tecnológica)

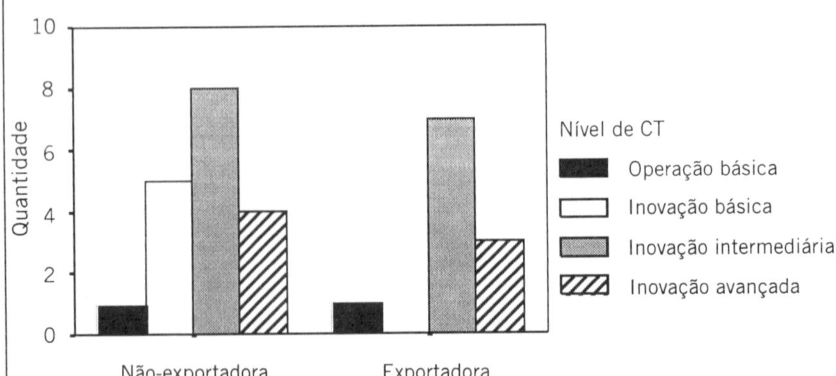

Figura 4.32

Exportação e desenvolvimento da capacidade tecnológica para atividades de gestão de projetos

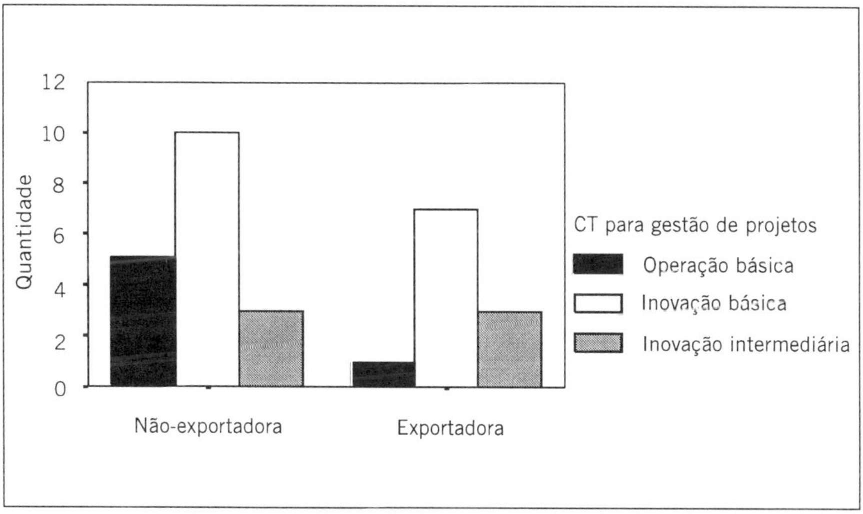

Figura 4.33

Exportação e desenvolvimento da capacidade tecnológica para atividades de equipamentos

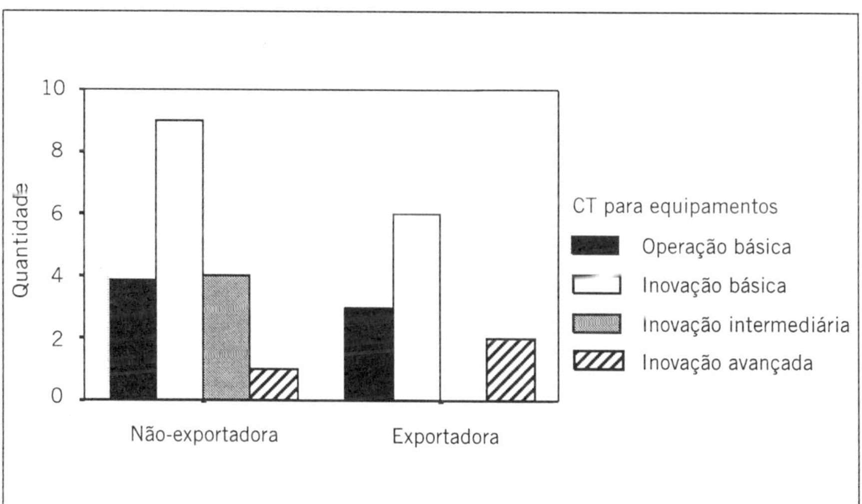

Figura 4.34

Exportação e desenvolvimento da capacidade tecnológica para atividades de processos e organização da produção

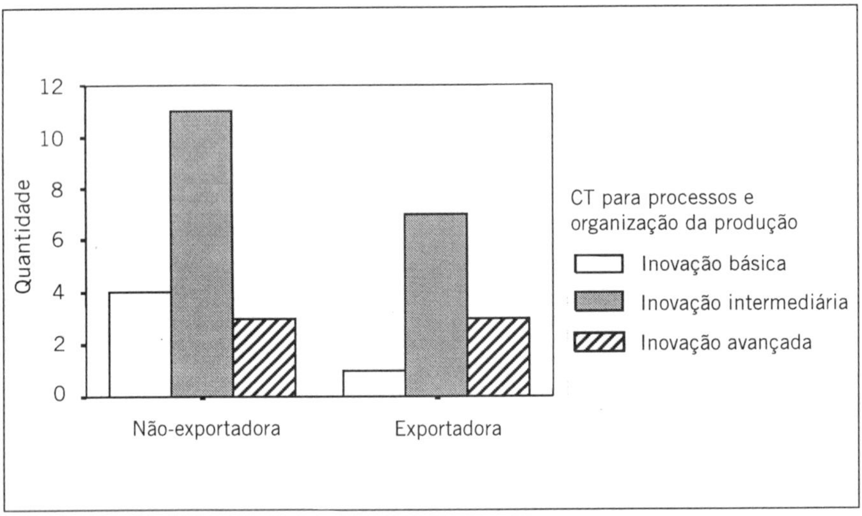

Figura 4.35

Exportação e desenvolvimento da capacidade tecnológica para atividades de produtos

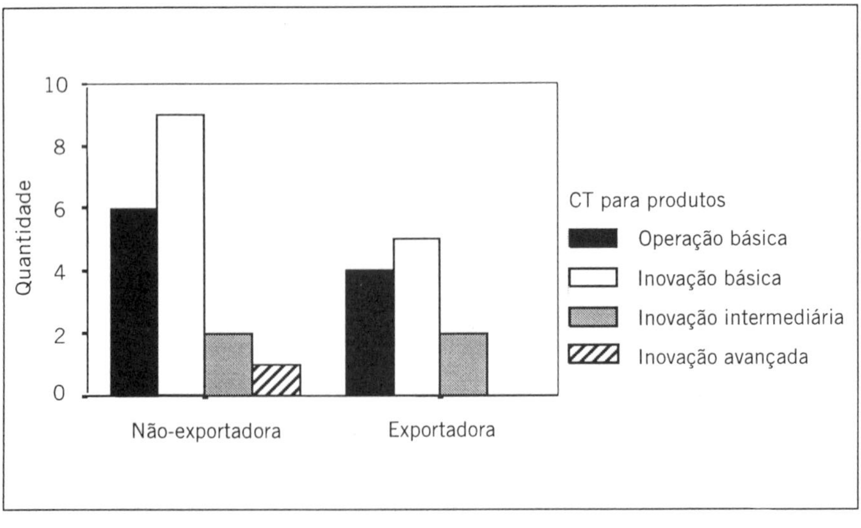

Figura 4.36

Empresas locais, ETNs e o desenvolvimento da capacidade tecnológica (agregado, independentemente do tipo de atividade tecnológica)*

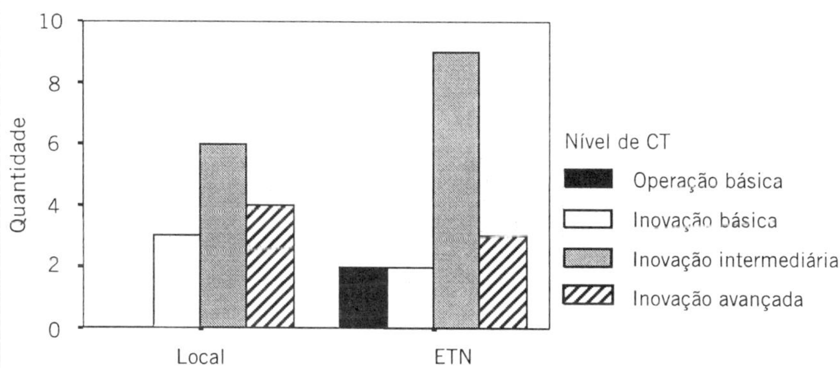

* Empresas locais comparadas às empresas transnacionais (ETNs) em termos de desenvolvimento de capacidade tecnológica.

Figura 4.37

Empresas locais, ETNs e o desenvolvimento da capacidade tecnológica para atividades de gestão de projetos

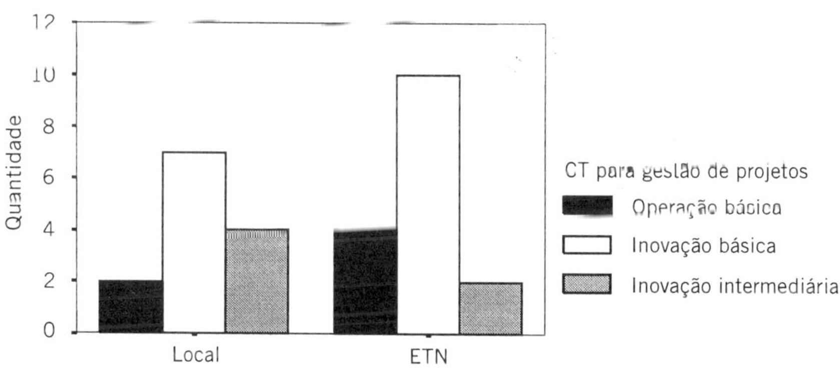

Figura 4.38

Empresas locais, ETNs e o desenvolvimento da capacidade tecnológica para atividades de equipamentos

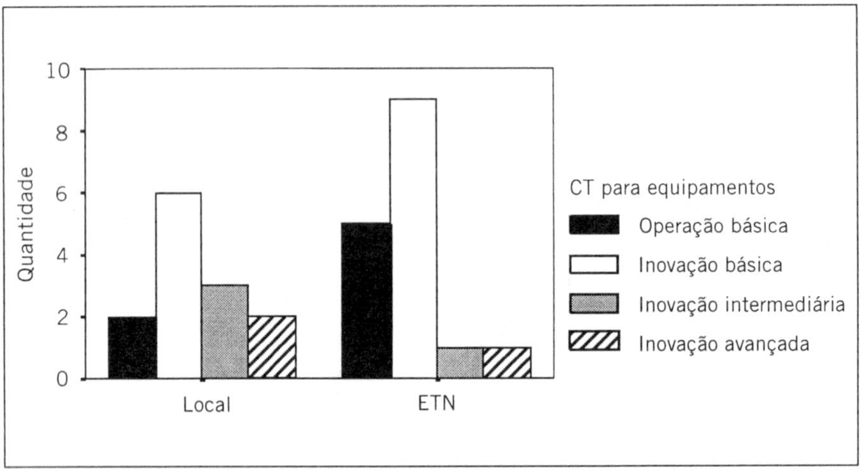

Figura 4.39

Empresas locais, ETNs e o desenvolvimento da capacidade tecnológica para atividades de processos e organização da produção

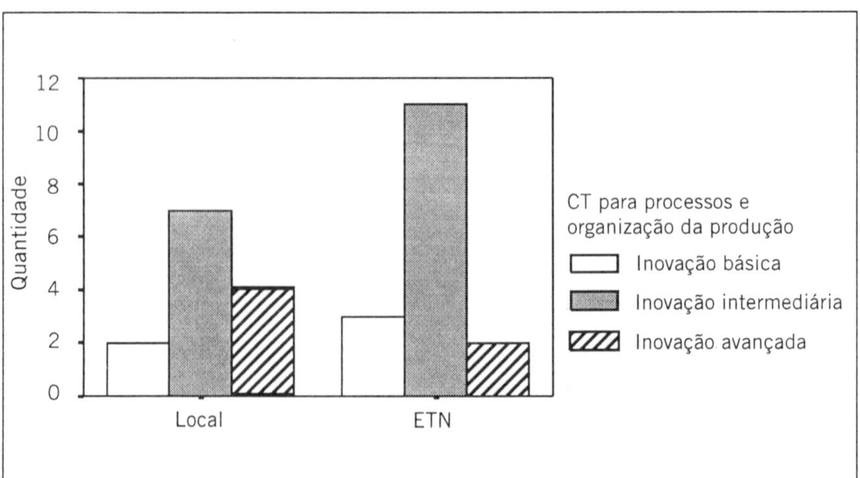

Figura 4.40

Empresas locais, ETNs e o desenvolvimento da capacidade tecnológica para atividades de produtos

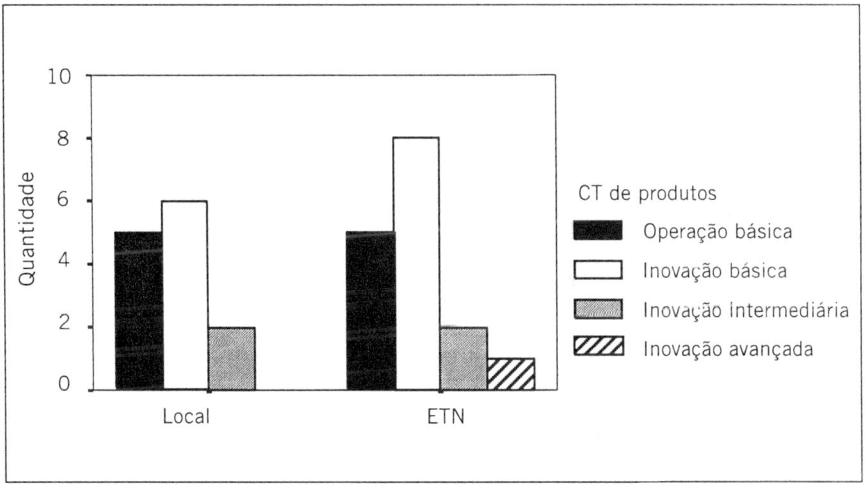

Figura 4.41

Tipo de origem local das empresas e desenvolvimento da capacidade tecnológica (agregado, independentemente do tipo de atividade tecnológica)

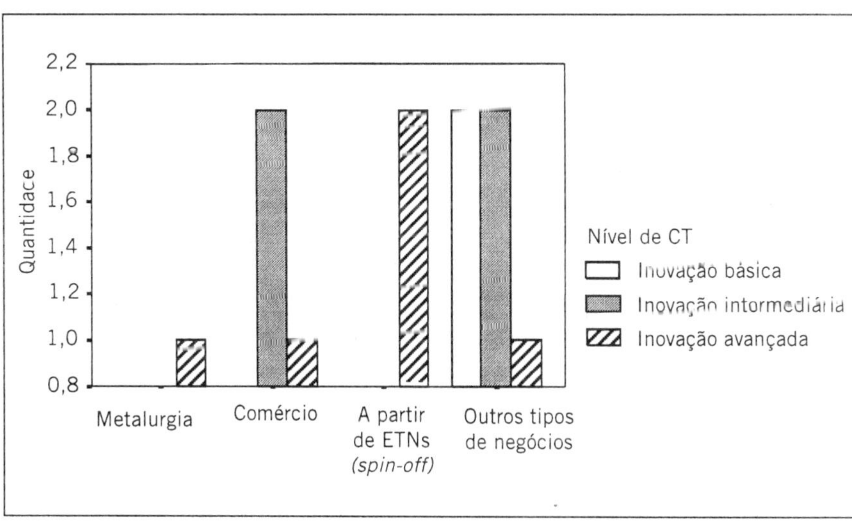

Figura 4.42

Tipo de origem local das empresas e desenvolvimento da capacidade tecnológica para atividades de gestão de projetos

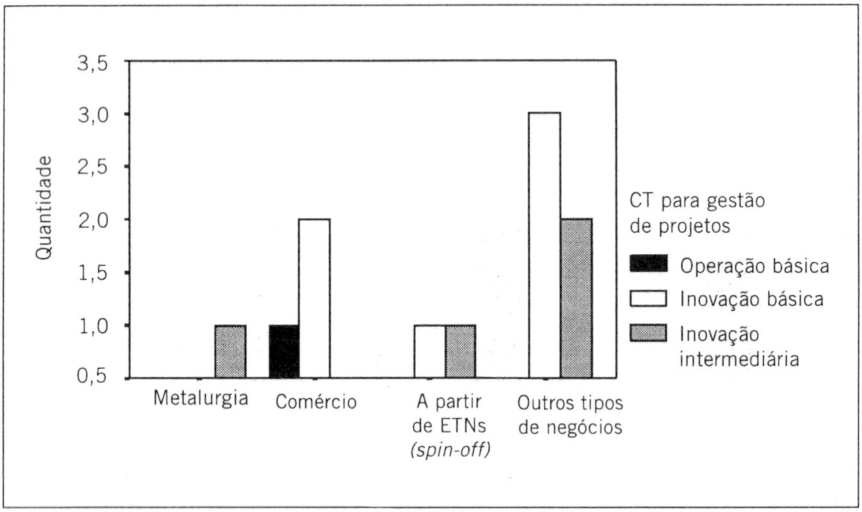

Figura 4.43

Tipo de origem local das empresas e desenvolvimento da capacidade tecnológica para atividades de equipamentos

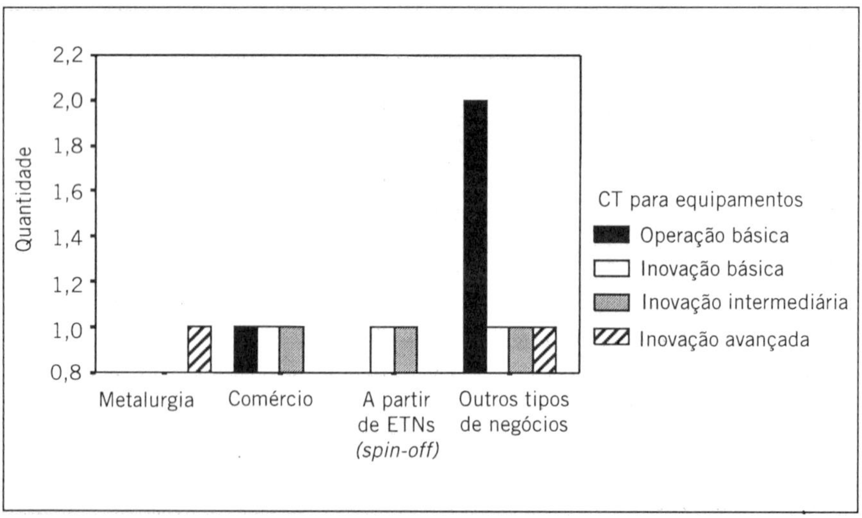

Figura 4.44

Tipo de origem local das empresas e desenvolvimento da capacidade tecnológica para atividades de processos e organização da produção

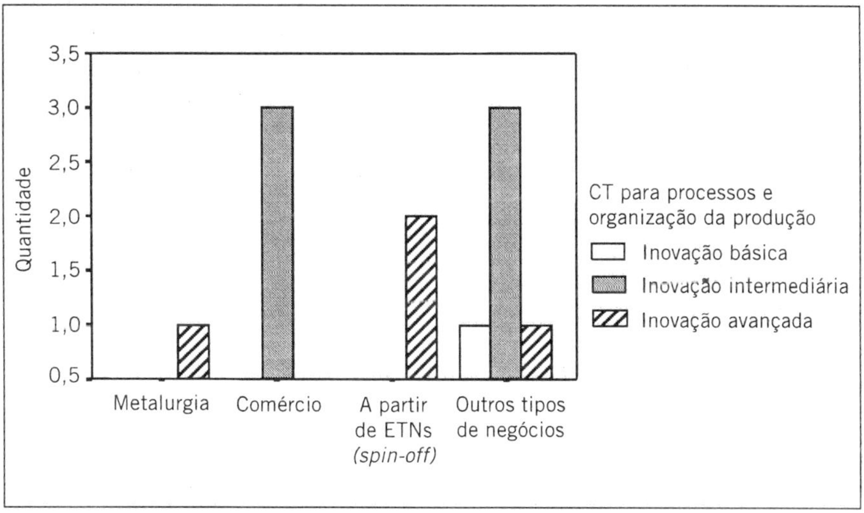

Figura 4.45

Tipo de origem local das empresas e desenvolvimento da capacidade tecnológica para atividades de produtos

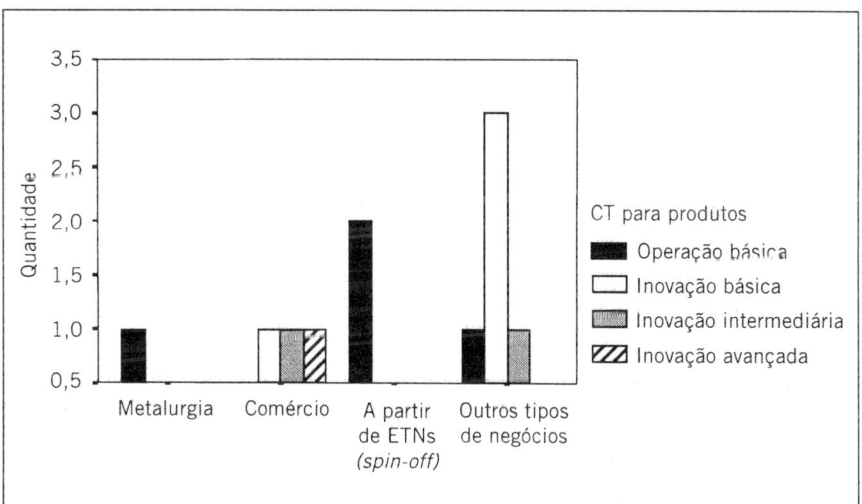

4.5 Principais fatores influentes: a importância dos processos de aprendizagem

Na seção anterior examinamos as competências tecnológicas desenvolvidas na amostra de empresas da indústria eletrônica de Manaus. Veremos agora como se desenvolveram tais competências. Mostraremos o processo de capacitação dessas empresas, ressaltando o papel desempenhado por dois tipos de mecanismos de aprendizagem:

- fluxos de conhecimento através dos vínculos tecnológicos interorganizacionais, conforme a tabela 3.2;
- processos de aprendizagem intra-organizacionais, de acordo com a tabela 3.3.

Nas seções seguintes analisamos esses dois tipos de mecanismos de aprendizagem.

4.5.1 Processos de aprendizagem interempresas (aprendizagem baseada nos vínculos interorganizacionais)

Segundo a tabela 3.2, esta pesquisa constatou que diferentes tipos de vínculos tiveram importante papel no desenvolvimento tecnológico das empresas, descrito nas seções 4.2 a 4.4. Com base na tipologia de Ariffin (2000), fazemos distinção entre dois tipos principais de vínculos:

- primeiro, este estudo distingue entre: a) vínculos que dizem respeito, sobretudo, às transações de mercado em bens e serviços; e b) vínculos que dizem respeito aos fluxos de conhecimento;
- segundo, fazemos distinção entre: a) vínculos baseados, sobretudo, no uso da capacidade tecnológica já existente na empresa; e b) vínculos que contribuem significativamente para criar essa capacidade. A tabela 4.4 mostra a medida desses vínculos. As figuras 4.46 a 4.55 mostram a associação entre os tipos de vínculo interorganizacional e o desenvolvimento da capacidade tecnológica.

Tabela 4.4

Medida dos fluxos de conhecimento interempresas

Tipos de vínculos tecnológicos interorganizacionais	Nível de vínculo
Sem vínculo	1
Vínculos baseados somente em transações de mercado (MP-*link*)	2
Vínculos baseados em fluxos de conhecimento para uso da tecnologia existente (LP-*link*)	3
Vínculos baseados em fluxos de conhecimento para o desenvolvimento da capacidade inovadora (LI-*link*)	4
Vínculos de conhecimento para colaboração na inovação (I-*link*)	5

Fonte: Ariffin (2000).

Consideramos aqui dois tipos de vínculos, o vínculo com ETN estrangeira/empresa local e o vínculo com empresa matriz (São Paulo e/ou mundo), de acordo com as tabelas 4.5 e 4.6.

Tabela 4.5

Vínculo com ETN estrangeira/empresa local

Tipo de vínculo	Número de empresas	%
Sem vínculo	2	6,9
Vínculo MP	3	10,3
Vínculo LP	14	48,2
Vínculo LI	9	31,2
Vínculo I	1	3,4
Total	29	100

Tabela 4.6

Vínculo com empresa-matriz

Tipo de vínculo	Número de empresas	%
Vínculo MP	1	3,4
Vínculo LP	14	48,2
Vínculo LI	12	41,3
Vínculo I	2	6,9
Total	29	100

Figura 4.46

Vínculo ETN estrangeira/empresa local e o desenvolvimento da capacidade tecnológica (agregado, independentemente da atividade tecnológica)

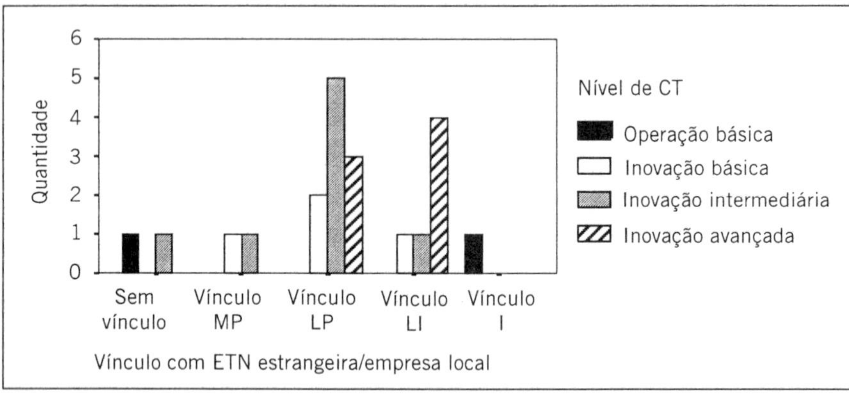

Como se vê nas tabelas, em ambos os casos, somente um número muito reduzido de empresas se restringiu aos vínculos MP. Em ambos os casos, mais de 90% das empresas da amostra mantêm vínculos referentes a inovação e conhecimento, ou seja, vínculos para produção e inovação. Os vínculos para produção permitiram às empresas adquirir e acumular capacidade tecnológica para atividades rotineiras, isto é, para gradualmente passar de produtos simples a produtos mais complexos. Os vínculos para inovação permitiram o desenvolvimento de atividades tecnológicas cada vez mais complexas no que se refere a produtos, processos e organização da produção, equipamento e ferramentaria, bem como a gestão de projetos.

Figura 4.47

Vínculo ETN estrangeira/empresa local e o desenvolvimento da capacidade tecnológica para atividades de gestão de projeto

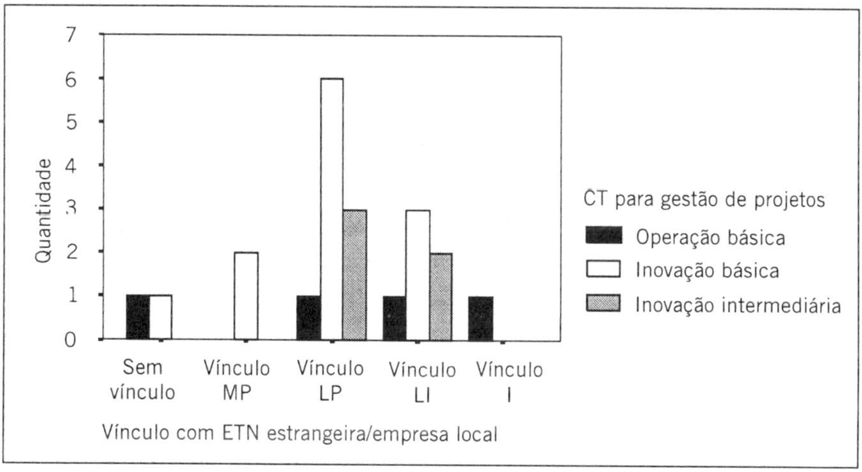

Figura 4.48

Vínculo ETN estrangeira/empresa local e o desenvolvimento da capacidade tecnológica para atividades de equipamentos

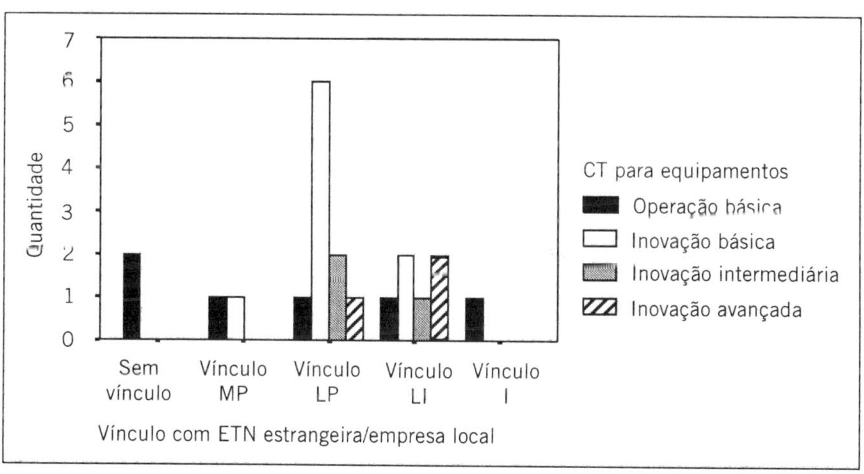

Figura 4.49

Vínculo ETN estrangeira/empresa local e o desenvolvimento da capacidade tecnológica para atividades de processos e organização da produção

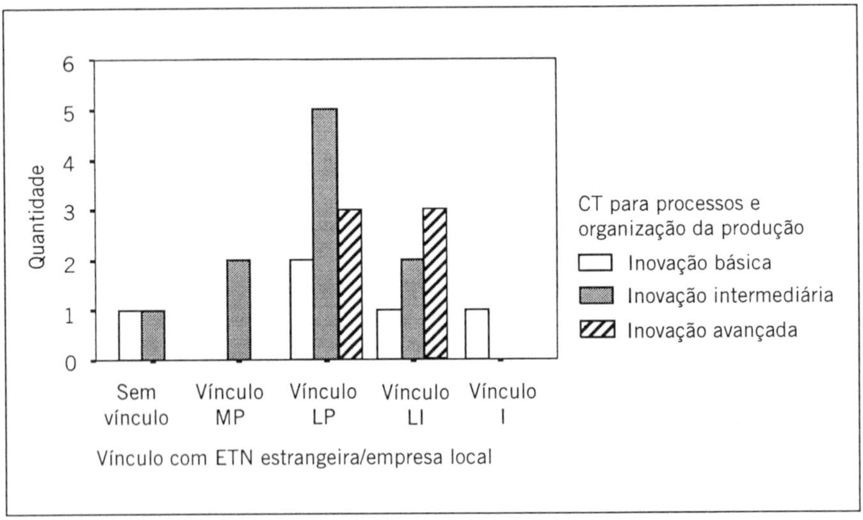

Figura 4.50

Vínculo ETN estrangeira/empresa local e o desenvolvimento da capacidade tecnológica para atividades de produtos

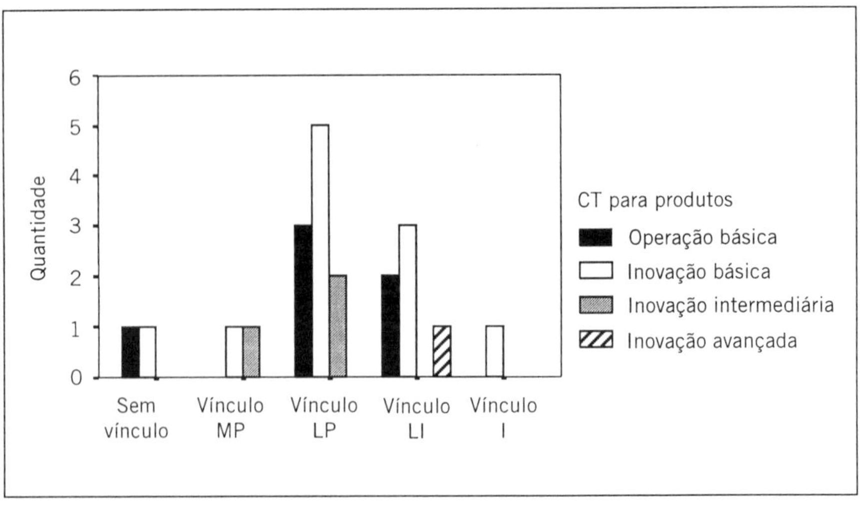

Figura 4.51

Vínculo empresa local/empresa-mãe (matriz) e o desenvolvimento da capacidade tecnológica (agregado, independentemente do tipo de atividade tecnológica)

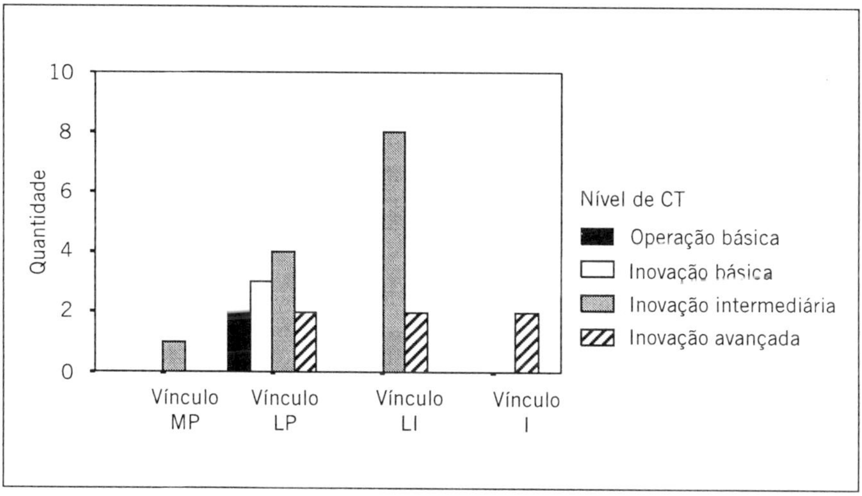

Figura 4.52

Vínculo empresa local/empresa-mãe (matriz) e o desenvolvimento da capacidade tecnológica para atividades de gestão de projetos

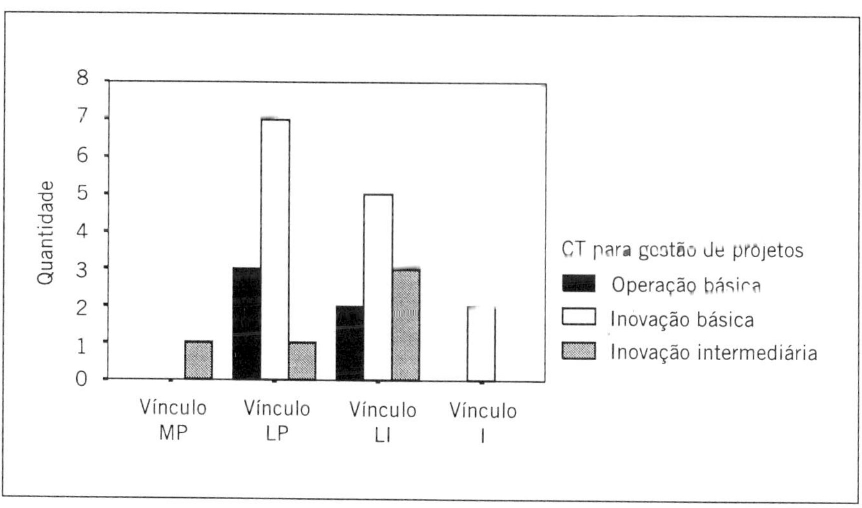

Figura 4.53

Vínculo empresa local/empresa-mãe (matriz) e o desenvolvimento da capacidade tecnológica para atividades de equipamentos

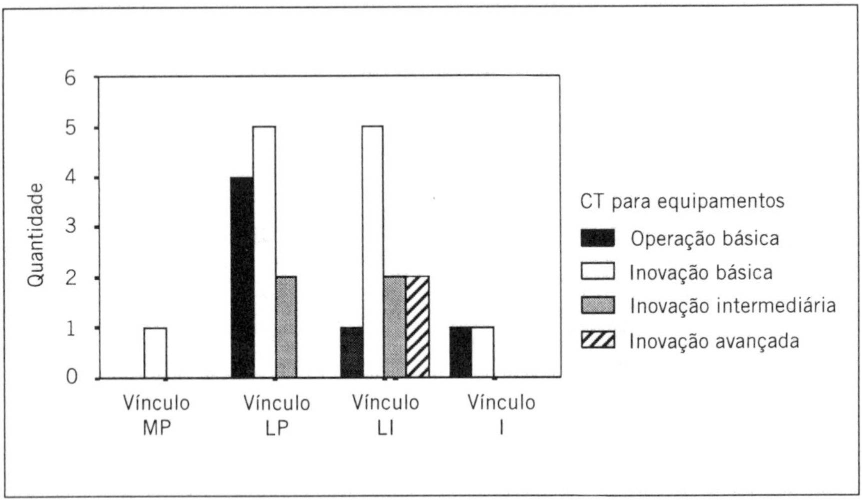

Figura 4.54

Vínculo empresa local/empresa-mãe (matriz) e o desenvolvimento da capacidade tecnológica para atividades de processos e organização da produção

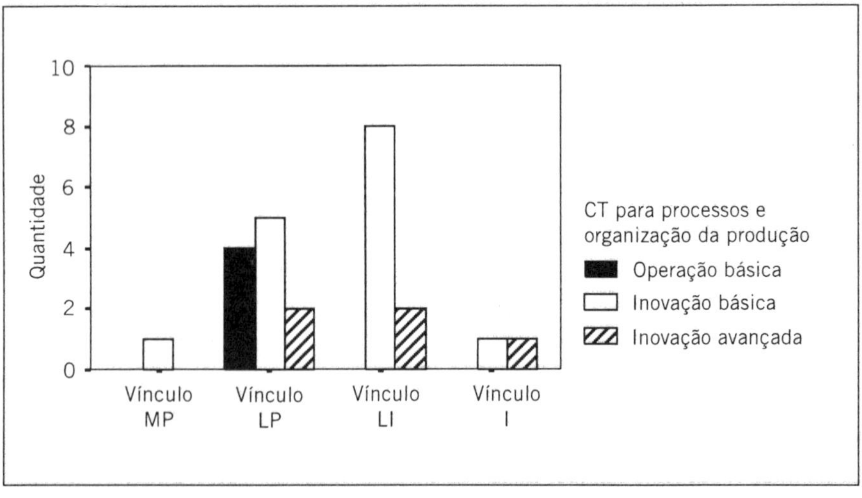

Figura 4.55

Vínculo empresa local/empresa-mãe (matriz) e o desenvolvimento da capacidade tecnológica para atividades de produtos

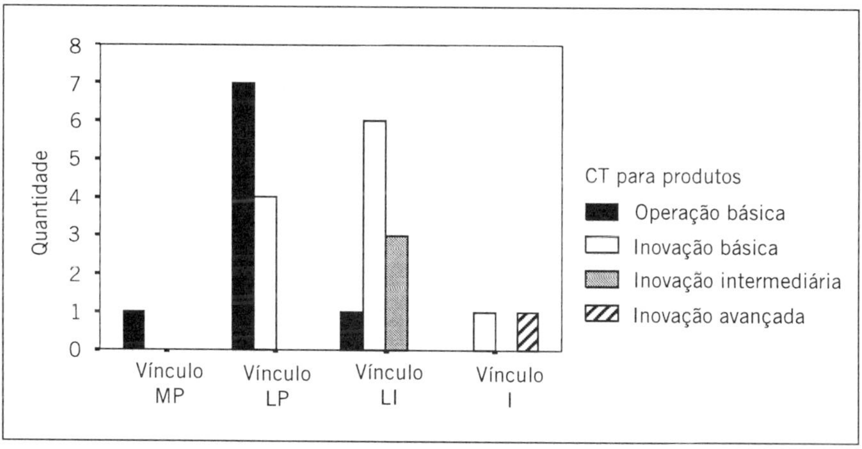

4.5.2 Processos de aprendizagem intra-empresas

A partir do que é mostrado na tabela 3.3, examinamos aqui os diferentes mecanismos de aprendizagem usados pelas empresas para desenvolver sua própria capacidade tecnológica. Tais processos são aqui analisados sob três aspectos: variedade, intensidade e funcionamento.

Quadro 4.1

Variedade dos processos de aquisição de conhecimento nas empresas da amostra

Processos de aprendizagem		Anos 1980	Anos 1990
Processos externos de aquisição de conhecimento	▼ Importação de conhecimentos técnicos (convidar especialistas para proferir palestras ou engenheiros para equacionar problemas relativos a produtos e processos)	Limitada a moderada (~50% das empresas da amostra)	Ampla (~85-90% das empresas da amostra)

continua

	Processos de aprendizagem	Anos 1980	Anos 1990
Processos externos de aquisição de conhecimento	▾ Recrutamento de pessoal operacional ▾ Canalização do conhecimento externo codificado ▾ Treinamento no exterior (cursos breves, visitas técnicas e de observação) ▾ Participação em conferências e eventos afins ▾ Uso de assistência técnica e convênios com empresas de ponta ▾ Interação com fornecedores e usuários ▾ Fornecimento de bolsas para cursos de especialização	Limitada a moderada (~50% das empresas da amostra)	Ampla (~85-90% das empresas da amostra)
Processos internos de aquisição de conhecimento	▾ Operações fabris rotineiras ▾ Aperfeiçoamento contínuo das linhas de produção (mediante participação em múltiplas funções, projetos experimentais acoplados com formação de equipes, melhoramentos à base de instrumentos de gestão da qualidade total) ▾ Processo de aquisição de conhecimento rotinizado antes do engajamento em novas atividades tecnológicas ▾ Projetos inovadores juntamente com pessoal do centro de pesquisas	Limitada a moderada (~60% das empresas)	Ampla (~85-90% das empresas)

Quadro 4.2

Variedade dos processos de conversão do conhecimento nas empresas da amostra

	Processos de aprendizagem	Anos 1980	Anos 1990
Processos de compartilhamento do conhecimento	Treinamento interno (cursos): Básico Treinamento interno (cursos): ▾ supervisão conjunta de estagiários; ▾ treinamento por pessoal interno; ▾ treinamento em qualidade total para toda a empresa.	Limitada (~80% das empresas da amostra)	Moderada a ampla (~80% das empresas da amostra)

continua

	Processos de aprendizagem	Anos 1980	Anos 1990
Processos de compartilhamento do conhecimento	Treinamento no trabalho (OJT): ▾ associado a rodízio de funções; ▾ misturando operadores veteranos com recém-contratados; ▾ combinando diferentes especializações internas para criar módulos de treinamento. Solução de problemas em conjunto (reuniões): ▾ multifuncionais, mensais; ▾ rotineiras, diárias/semanais; ▾ para projetos inovadores. Práticas interativas de solução de problemas Vínculos de compartilhamento de saber: ▾ mediadores do conhecimento; ▾ embaixadores de produtos; Formação de equipe (formal e informal) Disseminando operadores-chefes	Limitada (~80% das empresas da amostra)	Moderada a ampla (~80% das empresas da amostra)
Processos de codificação do conhecimento	Práticas de padronização: ▾ padrões básicos; ▾ normas detalhadas de produção; ▾ sistemas de automação; ▾ constante atualização dos padrões; ▾ elaboração e/ou atualização de manuais de "sistemas de qualidade". Informação sobre treinamento externo Seminários internos: ▾ teleconferência interativa (fábrica + escritório central); ▾ *Brainstormings*; ▾ Reuniões de QCCs. Reintegração dos submetidos a treinamento externo: ▾ chefias de equipes; ▾ chefias de novos projetos.	Limitada (~90% das empresas da amostra)	Moderada (~70-75% das empresas da amostra)

Fonte: Elaborado com base na pesquisa.

Quadro 4.3

Intensidade dos processos de aprendizagem nas empresas da amostra

Processos de aprendizagem	Anos 1980	Anos 1990
Processos externos de aquisição de conhecimento	Intermitente (~80% das empresas da amostra)	Contínua (~80% das empresas da amostra)
Processos internos de aquisição de conhecimento	Intermitente (~80% das empresas da amostra)	Contínua (~80% das empresas da amostra)
Processos de compartilhamento do conhecimento	Intermitente (~90% das empresas da amostra)	Contínua (~70% das empresas da amostra)
Processos de codificação do conhecimento	—	Contínua (~60% das empresas da amostra)

Fonte: Elaborado com base na pesquisa.

Quadro 4.4

Funcionamento dos processos de aprendizagem nas empresas da amostra

Processos de aprendizagem	Anos 1980	Anos 1990
Processos externos de aquisição de saber	Fraco/regular (~80% das empresas da amostra)	Regular/bom (~70% das empresas da amostra)
Processos internos de aquisição de conhecimento	Fraco/regular (~80% das empresas da amostra)	Bom (~60% das empresas da amostra)
Processos de compartilhamento do conhecimento	Fraco (~80% das empresas da amostra)	Bom (~50% das empresas da amostra)
Processos de codificação do conhecimento	—	Bom (~50% das empresas da amostra)

Fonte: Elaborado com base na pesquisa.

4.6 Breve comparação entre Manaus e Malásia

Sob o enfoque dos modelos analíticos apresentados neste livro, esta seção faz uma breve comparação entre Manaus e Malásia (área de Penang e Vale Klang) — com base em Ariffin (2000) e suas pesquisas de campo subseqüentes — relativa às questões do desenvolvimento da capacitação tecnológica na indústria eletrônica. Penang e Vale Klang são áreas com a mais alta concentração de emprego e de empresas eletrônicas na Malásia. Cerca de 1/3 de todo o emprego industrial está em Penang. A área de Penang está no norte da Malásia, enquanto a do Vale Klang cobre a região central de Selangor, de Kuala Lumpur e as vizinhanças da região sul do país. Penang e Vale Klang também contam com zonas francas e incentivos fiscais desde o início dos anos 1970, assim como Manaus. A tabela 4.7 fornece uma comparação entre Malásia e Manaus em termos de número de empresas que alcançaram níveis específicos de capacitação tecnológica. Esta comparação é complementada pelas figuras 4.56 a 4.67. [7]

Figura 4.56

Manaus-Malásia: tipos de produtos manufaturados

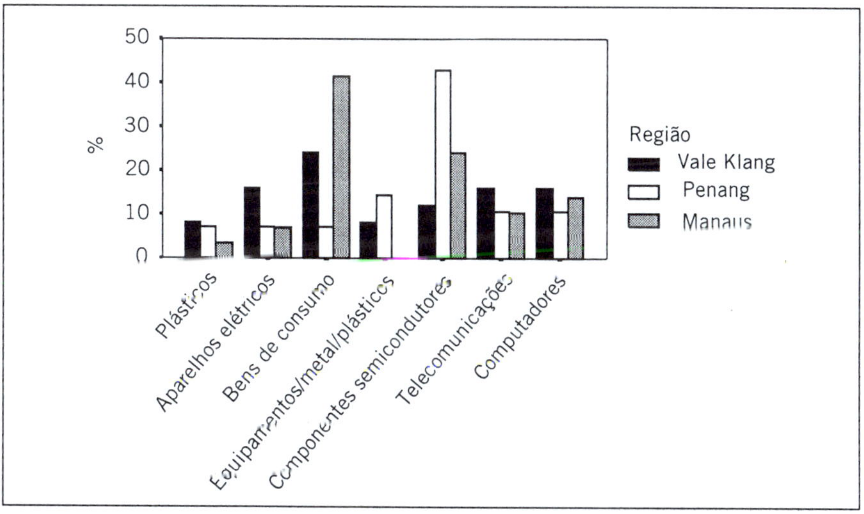

[7] Para uma comparação mais detalhada entre as empresas da amostra da Malásia e de Manaus, à base de testes estatísticos, ver Ariffin e Figueiredo (2002).

Tabela 4.7

Malásia *versus* Manaus: número de empresas que alcançaram níveis específicos de capacitação tecnológica

Tipos e níveis de competência tecnológica	Nível de competência, independentemente do tipo de atividade		Gestão de projetos		Equipamentos, ferramentaria, estamparia, moldagem		Processos e organização da produção		Produtos	
	Malásia	Manaus	Malásia	Manaus	Malásia	Manaus	Malásia	Manaus	Malásia	Manaus
Operações básicas (Nível 1)	0	0	17 32%	0	0	0	0	0	0	0
Operações básicas (Nível 2)	0	2 6,9%	6 11,3%	6 20,7%	19 35,8%	7 24,1%	6 11,3%	0	13 24,5%	11 37,9%
Competência inovadora básica (Nível 3)	8 15%	5 17,2%	17 32%	16 55,2%	14 26,4%	15 51,8%	17 32,1%	6 20,7%	13 24,5%	13 44,9%
Competência inovadora intermediária (Nível 4)	27 50,9%	15 51,7%	11 20,8%	7 24,1%	14 26,4%	4 13,8%	20 37,7%	17 58,6%	17 32,1%	4 13,8%
Inovação avançada (Nível 5)	16 30,2%	7 24,2%	2 3,8%	0	6 11,3%	3 10,3%	9 17%	6 20,7%	9 17%	1 3,4%
Inovação baseada em pesquisa (Nível 6)	2 3,8%	0	0	0	0	0	1 1,9%	0	1 1,9%	0
Totais	53 100%	29 100%	53 100%	29 100%	53 100%	29 100%	53 100%	29 100%	53 100%	29 100%

Fonte: Dados derivados da pesquisa.

Figura 4.57

Manaus-Malásia: empresas exportadoras *versus* não-exportadoras

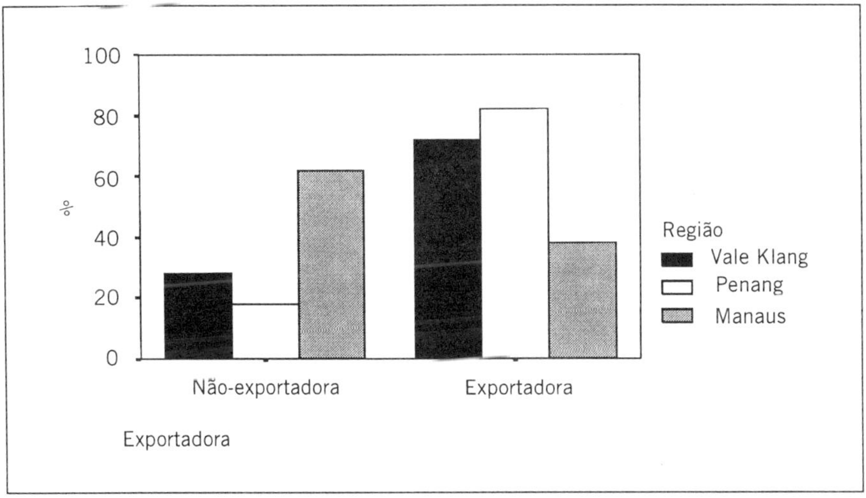

Figura 4.58

Manaus-Malásia: empresas fornecedoras *versus* empresas fabricantes de produtos finais

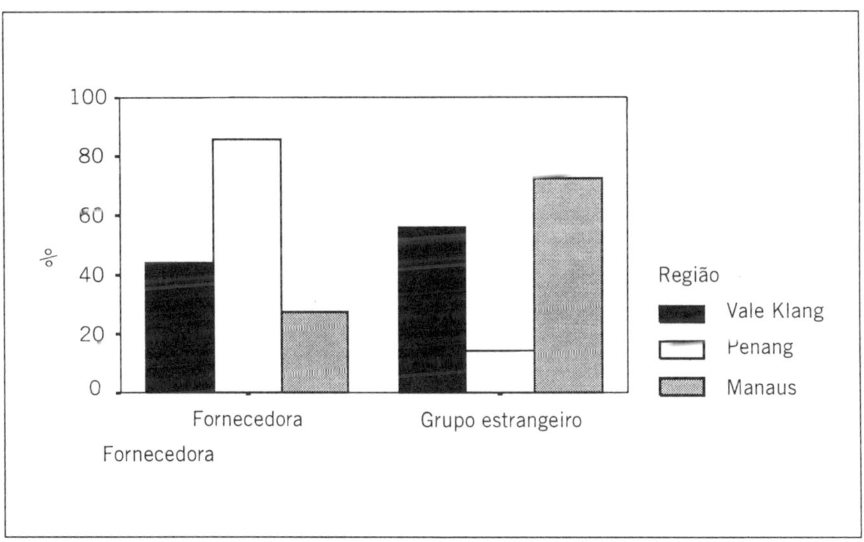

Figura 4.59

Manaus-Malásia: controle e tomada de decisão local

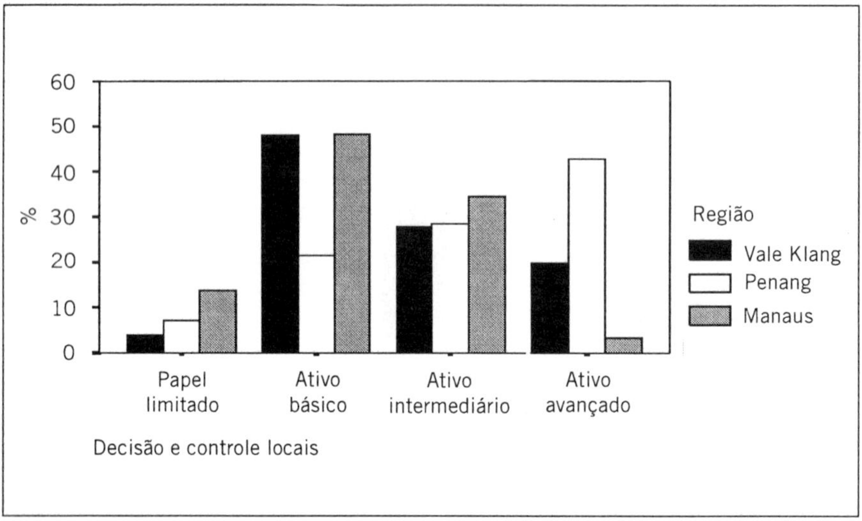

Figura 4.60

Manaus-Malásia: níveis de capacitação tecnológica (agregado, independentemente do tipo de atividade tecnológica)

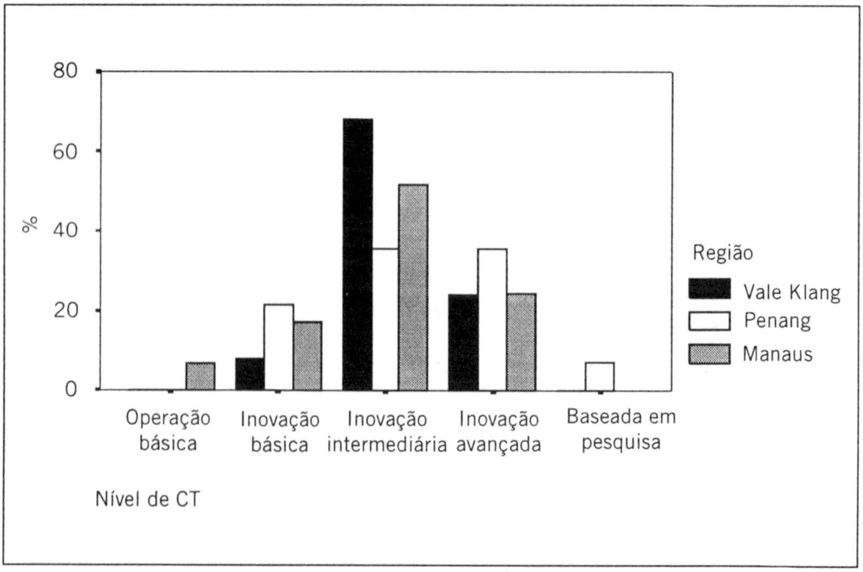

Figura 4.61

Manaus-Malásia: capacitação tecnológica em gestão de projetos

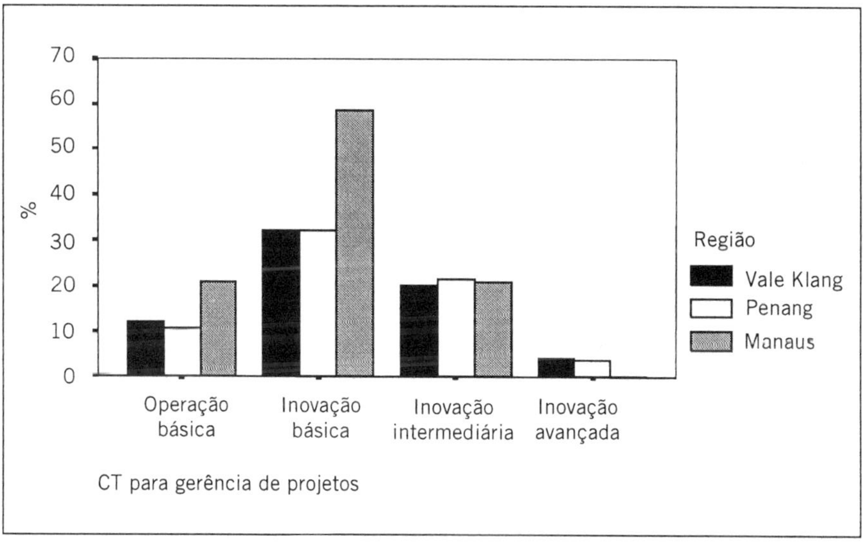

Figura 4.62

Manaus-Malásia: capacitação tecnológica em equipamentos, ferramentaria e moldes

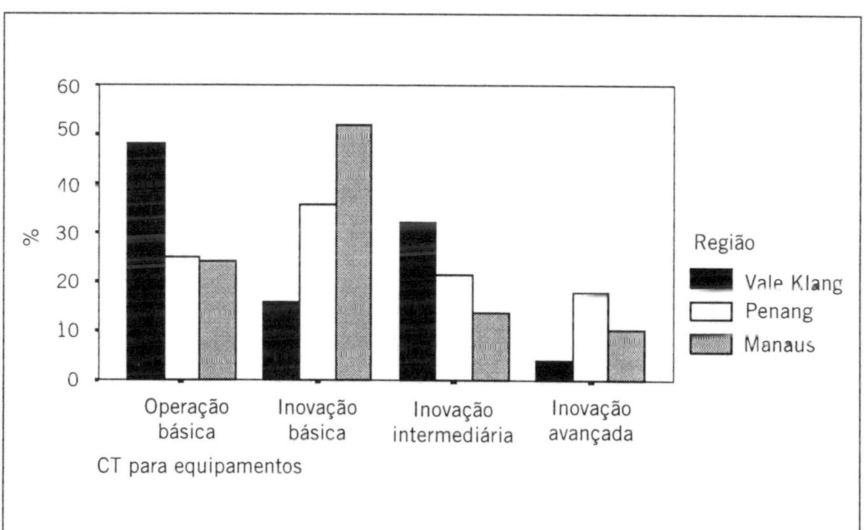

Figura 4.63

Manaus-Malásia: capacitação tecnológica em processos e organização da produção

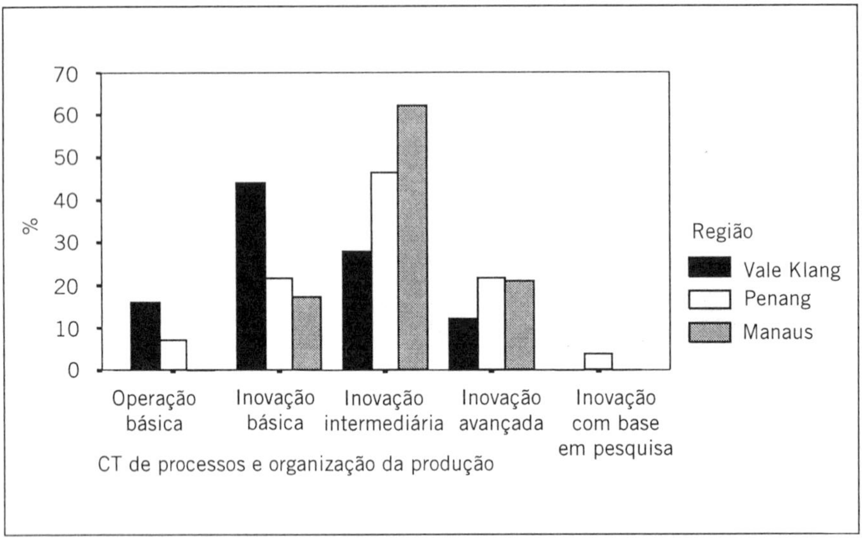

Figura 4.64

Manaus-Malásia: capacitação tecnológica em modificação de produtos, projeto e desenvolvimento

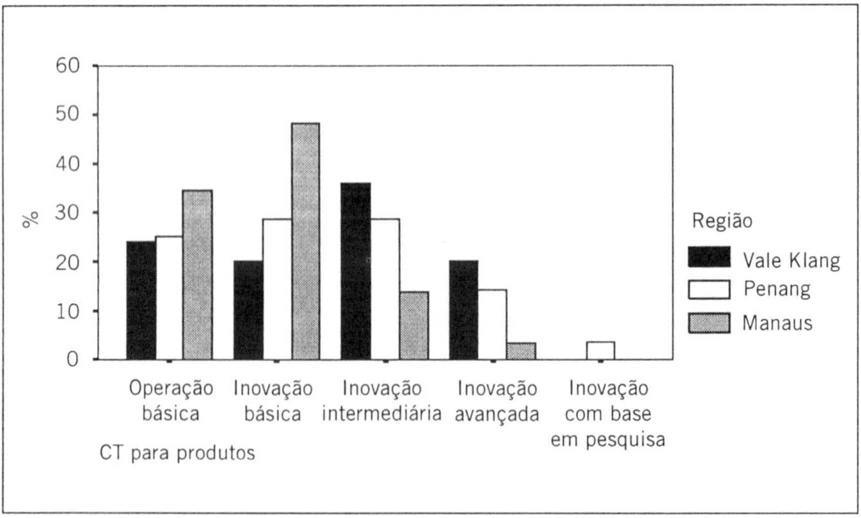

Figura 4.65

Manaus-Malásia: níveis de automação

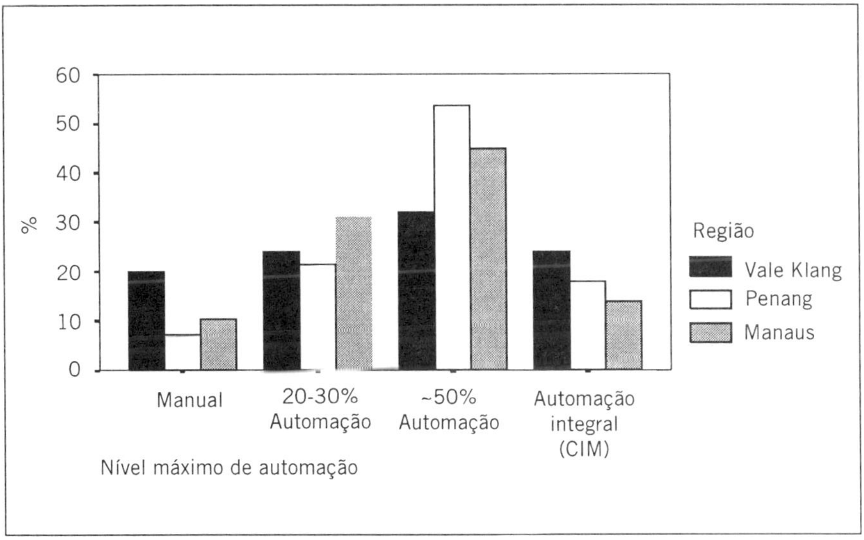

Figura 4.66

Manaus-Malásia: extensão dos vínculos de fluxo de conhecimento e inovação entre ETNs estrangeiras e empresas locais

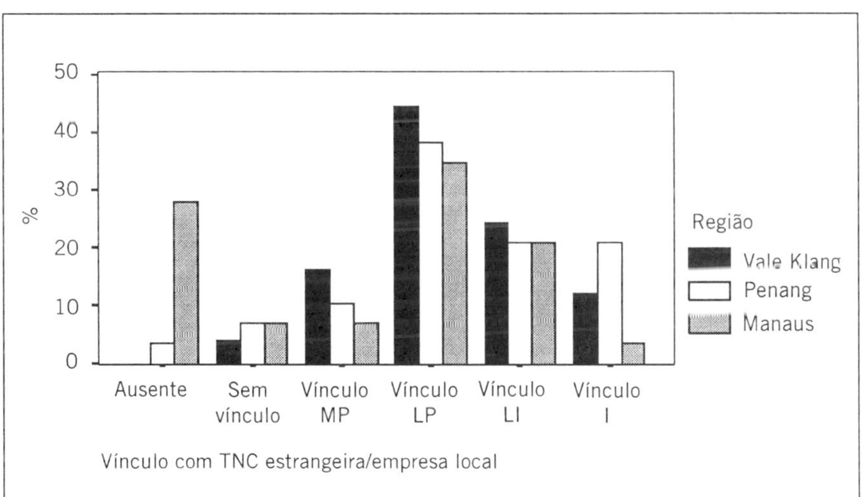

Figura 4.67

Manaus-Malásia: extensão dos vínculos de fluxo de conhecimento e inovação com empresa-mãe (matriz)

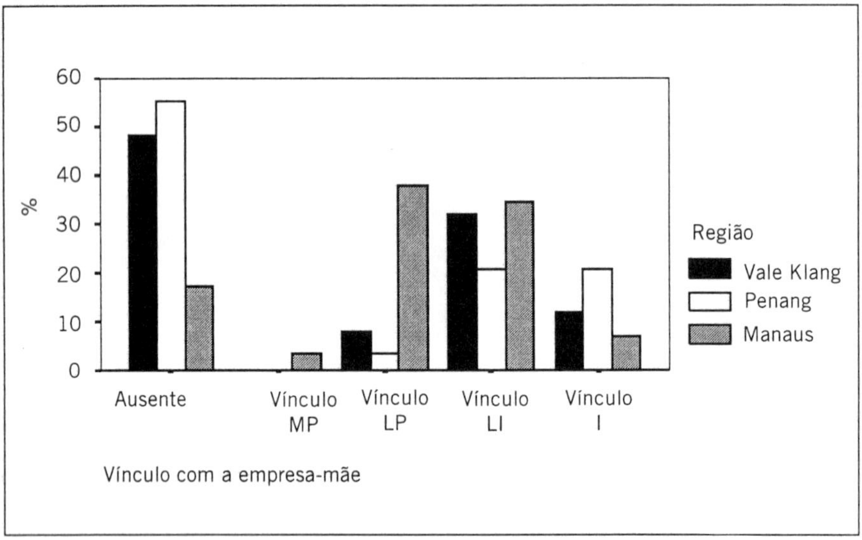

CAPÍTULO 5

Implicações para estratégias governamentais e empresariais

Este capítulo, que encerra o livro, discute algumas das implicações das evidências examinadas nos capítulos anteriores para o aprimoramento de estratégias governamentais e corporativas relativas ao aumento da competitividade internacional da indústria eletrônica no Brasil (seção 5.1). Na seção 5.2, são discutidas, mais especificamente, algumas das implicações das recentes transformações na indústria eletrônica global — particularmente o desaquecimento da demanda mundial — para a competitividade da indústria eletrônica em economias emergentes. Tais discussões contribuem para reflexões — e futuras ações — relativas ao aumento da competitividade da indústria eletrônica no Brasil. Finalmente, na seção 5.3 são apresentados os comentários finais dos autores.

5.1 Evidências atuais e desafios futuros

As evidências sobre as estratégias tecnológicas adotadas pelas 29 empresas desta pesquisa sugerem que a internacionalização — ou disseminação — de competências tecnológicas tem ocorrido na indústria eletrônica em Manaus. Por isso, as evidências geradas por esta pesquisa contradizem certas generalizações simplistas sobre o desenvolvimento tecnológico em empresas da indústria eletrônica que operam em países ou áreas em desenvolvimento, particularmente em Manaus. Adicionalmente, as evidências sugerem que a evolução e o aumento da capacidade tecnológica inovadora não são automáticos, uma vez que dependem de esforços explícitos empreendidos dentro das empresas. Mais especificamente, em relação às evidências de Manaus:

- o estudo identificou nas empresas da amostra diversos tipos e níveis de capacidade tecnológica rotineira e inovadora;
- os vários tipos de processos de aprendizagem inter e intra-empresariais criados e utilizados pelas empresas tiveram importante papel na criação e sustentação de diversos tipos e níveis de capacidade tecnológica rotineira e inovadora;
- além disso, o comportamento inovador da liderança, dentro de cada empresa, foi outro importante fator que influenciou os processos de aprendizagem e o desenvolvimento da capacidade tecnológica inovadora. Mais especificamente, tal comportamento inovador influenciou o processo de capacitação, permitindo reagir pronta e vigorosamente às mudanças no mercado e na indústria, em busca da inovação. Em outros casos, levou à inovação organizacional e à introdução de ousados processos de aprendizagem;
- assim, com base nos resultados encontrados, este estudo rejeita as visões simplistas ou negativas e mecanicistas a respeito do desenvolvimento tecnológico nas empresas da indústria eletrônica de Manaus. Mais precisamente, tais resultados indicam, com clareza, que as generalizações amplamente difundidas que rotulam como mera "maquiladora" a indústria eletrônica de Manaus são enganosas e equivocadas.

Em termos de recomendações de orgem gerencial, as empresas que desenvolveram capacidade de inovação tecnológica enfrentam agora o desafio de ampliar, aprofundar e/ou conservar esse patrimônio estratégico. Para tanto, elas deverão concentrar incessantemente seus esforços na gestão dos processos de aprendizagem inter e intra-empresariais. Em outras palavras, as empresas se defrontam agora com o desafio de criar e usar diferentes processos de aprendizagem, a fim de atingirem níveis ainda mais avançados de capacitação tecnológica, particularmente, para atividades de produtos (*design* e desenvolvimento), processo/organização da produção e equipamento e ferramentaria.

No tocante às recomendações de ordem política, cumpre considerar que, além dos esforços de aprendizagem em níveis inter e intra-organizacional, existem outros fatores que podem influenciar o desenvolvimento da capacidade tecnológica das empresas, tais como:

- iniciativas governamentais e empresariais no sentido de manter ou reestruturar o atual programa de incentivos; garantir a implementação da legislação sobre informática, visando o fortalecimento dos mecanismos de capacitação tecnológica; e assegurar o fortalecimento do sistema regional de inovação;
- desenvolvimento de indústrias locais de suporte — componentes de precisão de plástico e metal; ferramentaria e equipamentos de moldagem e estampagem; componentes eletrônicos; serviços de submontagem;
- a infra-estrutura existente em Manaus, questão sobre a qual nove entre 10 empresas da amostra mostraram-se insatisfeitas, especificamente, quanto ao serviço de alfândega, cujo maior problema ainda é a lentidão para a liberação de materiais. De um lado, as empresas esperam uma alfândega veloz, considerando *benchmarkings* internacionais como Cingapura, onde o tempo de liberação é medido em minutos. De outro, os procedimentos da alfândega de Manaus refletem rigor na fiscalização, ainda que uma entrevista no local tenha revelado um esforço por maior rapidez e eficiência. De toda forma, esse órgão público federal carece de mais recursos humanos e materiais para que possa atender ao intenso fluxo de componentes destinados à indústria local;
- o apoio das empresas da amostra em relação à Lei de Informática, conforme as figuras 5.1 a 5.5. Nessas figuras, associamos esse apoio por parte das empresas ao seu nível de capacitação tecnológica.

Figura 5.1

Apoio à legislação sobre informática e o desenvolvimento da capacidade tecnológica (agregado, independentemente da atividade tecnológica)

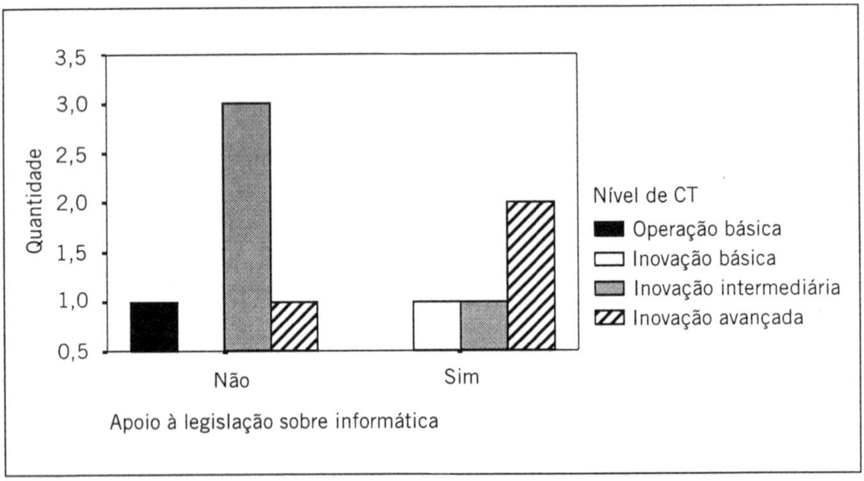

Figura 5.2

Apoio à legislação sobre informática e o desenvolvimento da capacidade tecnológica para atividades de gestão de projetos

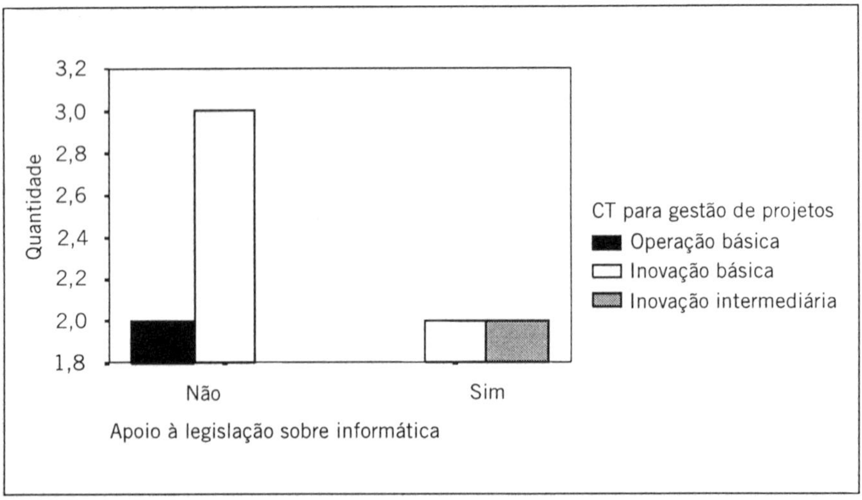

Figura 5.3

Apoio à legislação sobre informática e o desenvolvimento da capacidade tecnológica para atividades de equipamentos

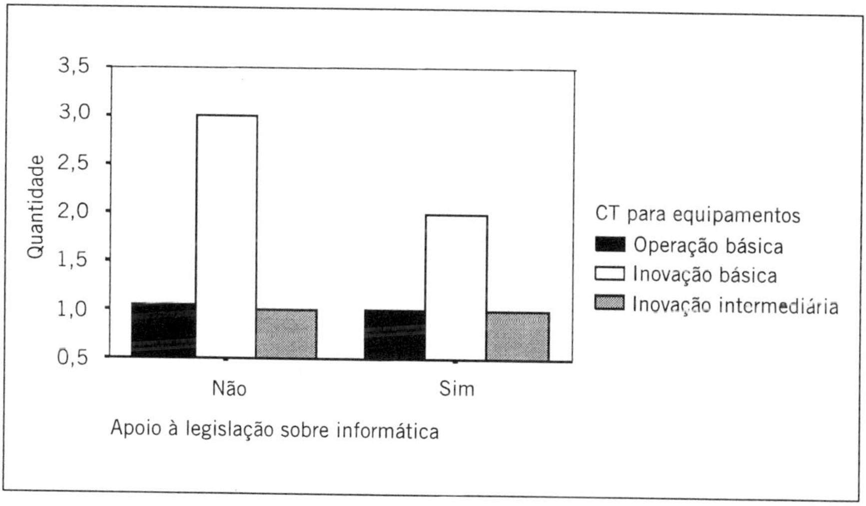

Figura 5.4

Apoio à legislação sobre informática e o desenvolvimento da capacidade tecnológica para atividades de processos e organização da produção

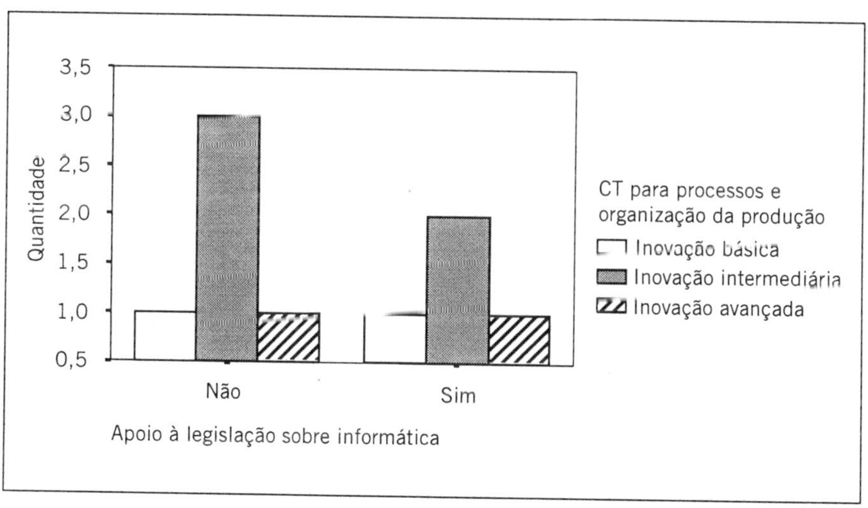

Figura 5.5

Apoio à legislação sobre informática e o desenvolvimento da capacidade tecnológica para atividades de produtos

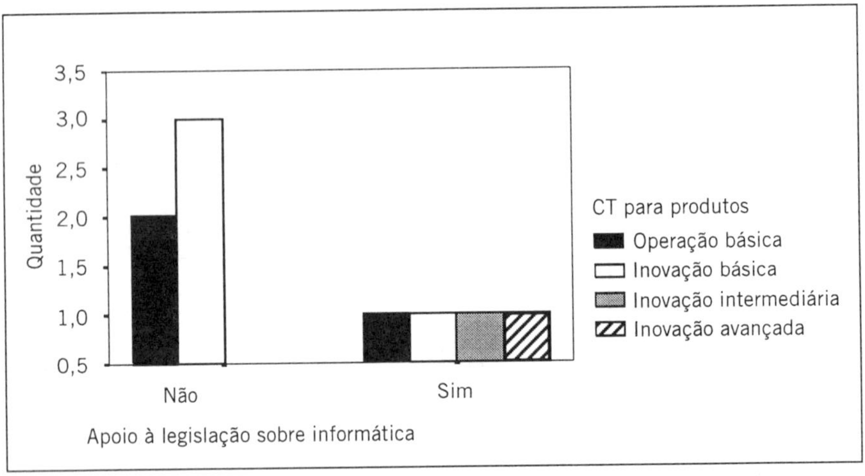

Em particular, dados qualitativos de entrevistas sugerem que firmas com capacidade tecnológica mais elevada demonstraram postura positiva frente à Lei de Informática. Além disso, elas não demonstraram intenção de mudar suas plantas para outros locais de produção, como, por exemplo, o Sudeste ou Sul do Brasil. Os 2% de alocação para pesquisa e desenvolvimento (P&D) com institutos de pesquisa ou universidades têm sido usados por essas empresas para promover projetos conjuntos com estudantes e professores de universidades de Manaus, visando o desenvolvimento de softwares para testagem de equipamentos (importante exemplo é a Sony) e a criação de instituições de pesquisa (importante exemplo é o Genius Instituto de Tecnologia).

5.1.1 Sugestão da posição de Manaus na indústria eletrônica global: perspectiva 2020

Com base nos resultados aqui encontrados e em dados concretos sobre a indústria eletrônica global (Hobday, 1999; Ariffin, 2000), bem como de acordo com o modelo apresentado na figura 3.1, sugerimos que a indústria eletrônica em Manaus fortaleça as suas competências técnicas e organizacionais. Isso permitiria aumentar ainda mais o volume e a variedade de suas atividades manufatureiras, ou seja, tornar-se uma indústria de escala ainda maior. Para tanto será necessário transferir para a região um maior número de atividades atualmente exercidas em estados do Sudeste do Brasil, como São Paulo. De fato, como sugere a figura 5.6, a indústria eletrônica do Pólo Industrial de Manaus deveria ser fortalecida no sentido de perseguir uma posição de liderança no comércio nas Américas, e também como um grande pólo inovador na manufatura de diversos produtos eletrônicos. Assim, Manaus estaria a caminho de assumir uma posição semelhante àquela atualmente almejada pela China em 2020. Paralelamente, São Paulo deveria fortalecer e ampliar suas competências, de modo a se impor como grande centro de *design*, marketing e distribuição, posição semelhante àquela hoje ocupada por Cingapura. Nesse sentido, a figura 5.7 mostra a mudança na estratégia da manufatura, já em curso na Malásia; enquanto algumas oportunidades de vínculos verticais e horizontais na indústria eletrônica são visualizadas na figura 5.8.

Figura 5.6

Sugestão de posicionamento de Manaus na indústria eletrônica global: perspectiva 2020

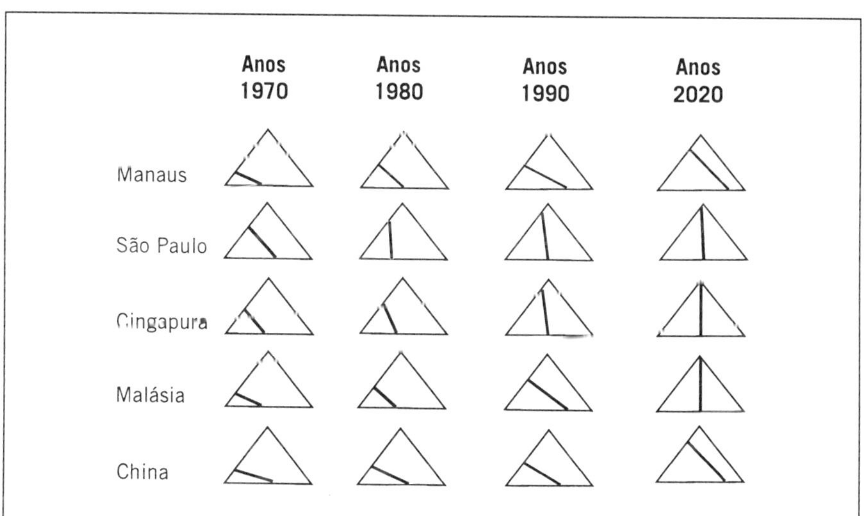

Figura 5.7

Estratégia de manufatura*

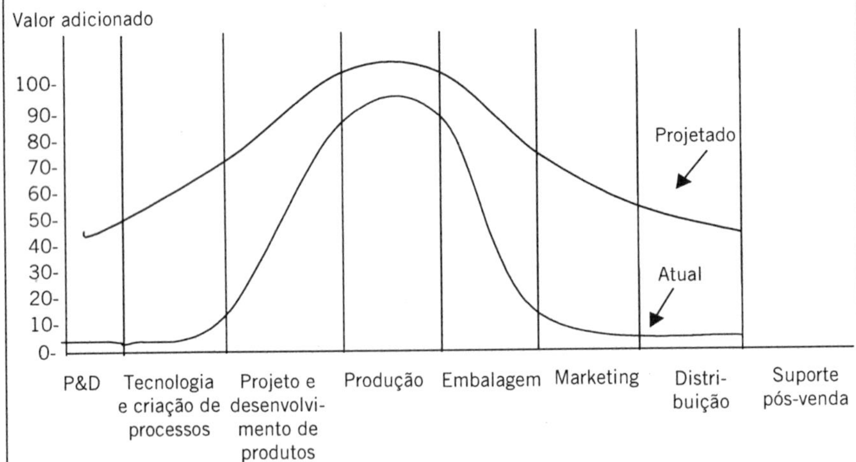

* Estratégia industrial implementada na Malásia sob o segundo industrial Master Plan (1996-2001), visando aumentar o valor adicionado das atividades de manufatura.

5.2 Tendências atuais da indústria eletrônica global: alguns riscos para a indústria eletrônica em economias emergentes

O ano de 2000 foi de crescimento recorde para a indústria de semicondutores. Entretanto, no quarto trimestre daquele ano, teve início o desaquecimento da economia norte-americana; e a demanda de semicondutores diminuiu ainda mais em 2001.

Em 2001, havia capacidade de produção excedente em todas as fábricas. Assim, devido ao declínio da demanda e à formação de estoques excedentes na indústria de semicondutores e de produtos eletrônicos nos EUA e na indústria de equipamentos de telecomunicações na Europa, empresas e clientes da eletroeletrônica global estão implementando estratégias de terceirização, consolidação e eficiência em termos de custos. Os fabricantes de *chips* estão reagindo ao desaquecimento através da redução drástica dos custos, compressão e reestruturação.

Figura 5.8

Oportunidades de vínculos verticais e horizontais na indústria eletrônica

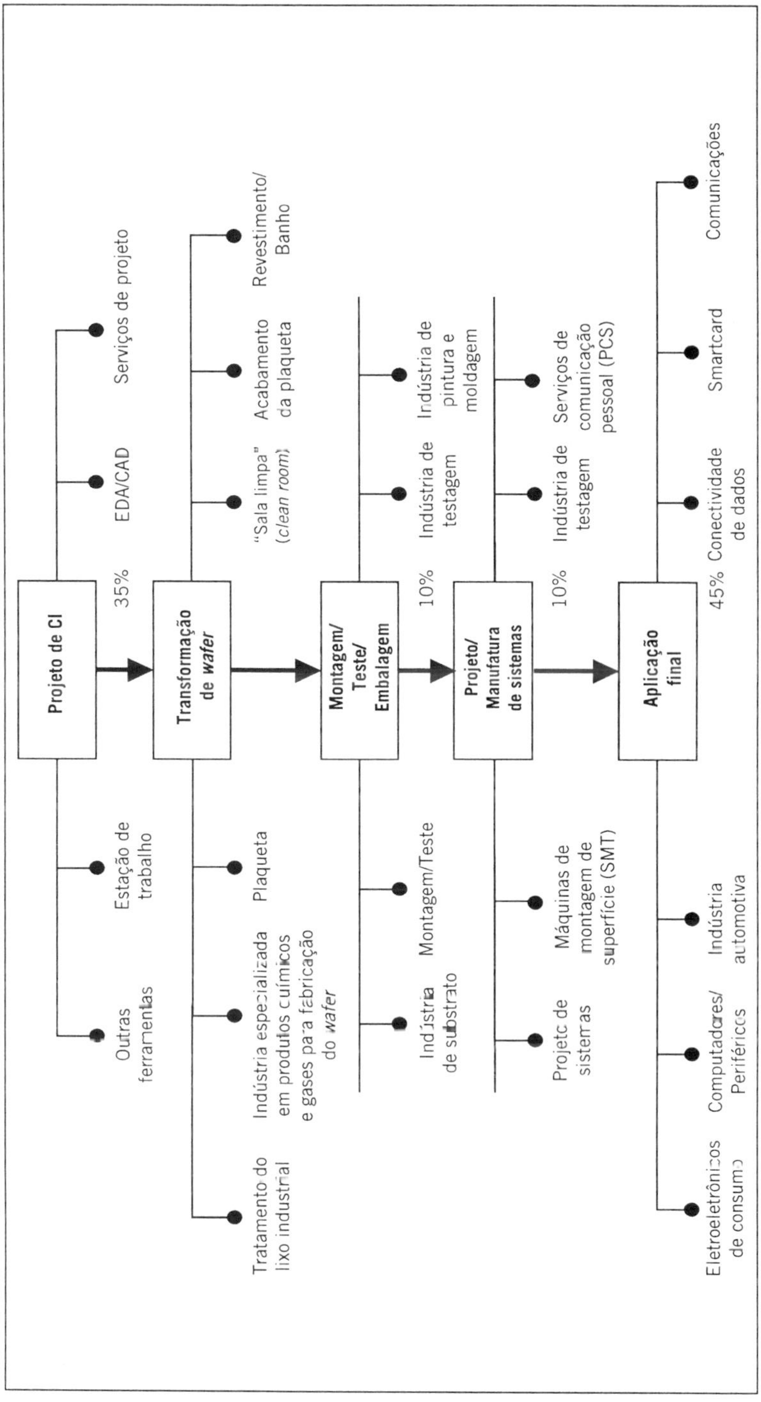

Com a adoção, pela indústria eletrônica global, dessas estratégias de terceirização, consolidação e maximização da eficiência, há, de fato, crescente concorrência e ameaça por parte:

- de indústrias subcontratadas de grande escala, baseadas em centros mais avançados (EUA, Cingapura, Canadá) que dispõem de sistemas fabris integrados e sistemas de compras globalizados;
- de *ramping-up* do volume da produção na China;
- de transferência para lugares onde os custos são menores (China, Filipinas, Tailândia);
- da importância crescente de outros lugares na indústria eletroeletrônica global (México, Argentina e outras regiões do Brasil, na América Latina).

5.2.1 Implicações para empresas locais e subsidiárias de ETNs

De modo geral, a maioria das empresas locais subcontratadas está sofrendo os efeitos da redução da demanda por parte de empresas transnacionais (ETNs) em economias emergentes como, por exemplo, Malásia e Taiwan. Algumas delas já estavam operando no início de 2001 com menos de 50% de sua capacidade produtiva devido ao cancelamento de pedidos de seus clientes (Heng, 2001). É ponto pacífico que essas empresas têm de buscar novos mercados e setores para utilizarem sua capacidade produtiva. Elas acreditam que ainda têm alguns trunfos para poder competir com outros países de baixos custos (Tailândia e Filipinas), em geral, e a China, em particular.

A vantagem da eletroeletrônica em algumas economias emergentes, como a malaia, particularmente em Penang, é ser o centro de *ramp-up* para novos modelos ou linhas de produtos, e de sua capacidade manufatureira ser reconhecidamente de primeira classe. Por exemplo, Intel, Komag e Western Digital já delegaram à Malásia a responsabilidade pela fabricação de novos produtos. Todavia, quando se atingirem os níveis de eficiência de outros centros mundiais, o volume adicional poderá ser transferido para outros centros de grande volume.

As subsidiárias de ETNs japonesas que fabricam e exportam produtos eletrônicos estão reduzindo seu volume de produção devido ao desaquecimento do mercado norte-americano. Elas estão tentando maximizar a eficiência em função dos custos por causa da pequena margem existente no setor eletrônico (entrevista de Norlela Ariffin com membros da Jactim). Logo, para que essas subsidiárias permaneçam competitivas em suas operações em países como a Malásia e em áreas como Manaus recomendamos:

- produção contínua de linhas de produtos ainda mais complexos e com maior valor adicionado, uma vez que a fabricação de produtos mais simples e com menor valor adicionado pode ser mais barata em lugares onde os custos são menores (por exemplo, China);
- as empresas eletrônicas em Manaus e os centros malaios de pesquisa e desenvolvimento ou de *design* devem desenvolver e/ou intensificar suas atividades inovadoras, envolvendo-se ainda mais intensamente e/ou assumindo plenamente o *design* e o desenvolvimento de produtos, de modo que tais atividades de pesquisa e desenvolvimento direcionem os fabricantes de novos modelos ou linhas de produtos para mercados regionais ou mundiais.

Mais especificamente, no caso da indústria eletrônica de Manaus, são dois os principais competidores e possíveis ameaças:

- as indústrias subcontratadas de grande escala e com alto índice de automação, originárias de países altamente industrializados;
- as mudanças na cadeia de valor, juntamente com os líderes da indústria eletroeletrônica regional e global.

Indústrias subcontratadas de grande escala e com alto índice de automação, de países altamente industrializados

O desenvolvimento dessas indústrias começou em meados da década de 1990 e pode modificar a divisão internacional do trabalho no setor eletrônico. A manufatura subcontratada de grande escala, ao propagar-se dos EUA para outras regiões, gerou uma nova linha de indústrias com alto índice de automação, baseadas nas economias desenvolvidas. As empreiteiras de grande escala representam a última onda de terceirização. Considerando que as subsidiárias das multinacionais em certas economias emergentes como a Malásia priorizam a montagem e a testagem — dependendo de fornecedores locais subcontratados em Penang —, discutimos alguns de seus efeitos no quadro 5.1.[8] As maiores indústrias subcontratadas são:

- Solectron[9] (US$19 bilhões em vendas em 2000, baseada nos EUA) — afetada pelo desaquecimento da eletroeletrônica, dispensou mais de 10 mil empregados;
- Flextronics (US$12 bilhões, baseada em Cingapura) — crescimento de 74%;
- Celestica (US$10 bilhões em 2000, chess da IBM, baseada no Canadá) — o volume de vendas em 2000 está um ano adiantado e, agora, o objetivo é chegar a US$20 bilhões em 2003;
- Jabil Circuit (US$4 bilhões em 2000, baseada nos EUA);
- SCI (US$6,8 bilhões em 1998);
- NatSteel (US$1,5 bilhão em 1998, baseada em Cingapura).

[8] Sturgeon (2000) analisa o crescimento das indústrias subcontratadas nos EUA. Mas até agora não se publicou nenhuma pesquisa sobre as implicações, para a Ásia, dessas indústrias.

[9] Na última edição do *Information Technology Annual Report*, a Celestica figurava em primeiro lugar na lista "Infotech 100" (*Business Week*, 18 June 2001).

Quadro 5.1

Indústrias subcontratadas: perguntas e respostas

Pergunta: Como as indústrias subcontratadas ganham dinheiro com manufatura, se esta é tradicionalmente considerada uma atividade de baixo valor adicionado em comparação com pesquisa e desenvolvimento e com a comercialização?

Resposta: As indústrias subcontratadas sobrevivem com pequenas margens operacionais (por exemplo, 3,7% na Celestica) e, portanto, não medem esforços para maximizar a eficiência. Seus sistemas industriais de grande escala e altamente automatizados exigem vultosos investimentos em sistemas de automação avançados, flexíveis e escala-intensivos, bem como em caros equipamentos de testagem de última geração (por exemplo, uma câmara de vibração de US$1 milhão para testar equipamento industrial na Celestica). Elas são responsáveis pela inovação de processos, deixando que o cliente se concentre em desenho de produto, comercialização, serviços e desenvolvimento de sistemas (por exemplo, IBM, Ericsson). Outros clientes (caso da Sun Microsystems) terceirizam produtos de pequena margem para manter os custos reduzidos, pois não podem produzi-los barato. Além disso, assumem o controle de toda a cadeia de fornecedores de materiais e equipamentos especializados. Por exemplo, a Flextronics construiu parques integrados de grande escala com fornecedores de componentes e de equipamentos localizados em parques brasileiros e europeus (visita e entrevistas feitas pelos autores). A Celestica gastou US$60 milhões em novos sistemas computadorizados, incluindo uma base de dados para lidar com componentes no valor de US$8 bilhões, adquiridos em 2000 para suas fábricas localizadas em 12 países (uma delas no Parque High-Tech de Kulim). Manter essas fábricas interligadas foi essencial, especialmente quando o desaquecimento atingiu seus clientes, pois cada gerente, sabendo das disponibilidades das outras fábricas, podia canalizar os componentes em excesso para aquelas onde eles estavam em falta. A partir da sede, a gerência da cadeia global de fornecedores acompanha a situação em tempo real, usando o enorme poder de compra da empresa para fazer os fornecedores reduzirem seus preços (*Business Week*, 18 June 2001).

Assim, para consolidar as operações com produtos básicos ou concentrar-se nas competências básicas em pesquisa e desenvolvimento e em comercialização, as multinacionais pretendem terceirizar inteiramente a manufatura. Essa tendência é encabeçada por IBM, Hewlett-Packard, Intel, Fairchild, Texas Instruments, Dell Computers e Cisco Systems, nos EUA; Ericsson, Philips e ICL, na Europa; e Toshiba, Hitachi e outras, no Japão.

continua

Por exemplo, a Cisco, fornecedora de sistemas Internet, terceiriza 40% de sua produção, concentrando-se em *design*, pesquisa e desenvolvimento e em comercialização. No final da década de 1990 a indústria subcontratada crescia 25% ao ano em todo o mundo e havia estimativa de tornar-se uma indústria de US$178 bilhões em 2001 (*Electronic Business Asia*, Feb. 1999, p. 33). Em 1999, a terceirização da produção de multinacionais chegou a 18%.

Atualmente, a terceirização no setor eletroeletrônico abrange embalagem e fabricação de semicondutores, montagem de subsistemas e de placas de circuito impresso, produção de cartuchos "jato de tinta", visores de cristal líquido, gabinetes de microcomputadores, *disk drives*, *notebooks*, pagers e aparelhos portáteis de mão.

Pergunta: Que riscos apresentam as indústrias subcontratadas de grande escala dos países avançados?

Resposta: Em princípio, essas indústrias podem continuar crescendo muito rapidamente, talvez orientando a produção de alta tecnologia para países desenvolvidos, e não mais para países recém-industrializados (NICs) como a Malásia ou regiões como Manaus.

Todavia, como não há estudos a respeito, não se sabe ao certo como essas indústrias subcontratadas (CEMs) se relacionam com a tradicional empresa *original equipment manufacturing* (OEM) ou mesmo se as CEMs representam uma ameaça ou novas oportunidades para as indústrias de NICs.

As CEMs de grande escala já estão "decolando" em NICs como Cingapura. A Flextronics e a NatSteel de Cingapura já figuram entre as maiores CEMs do mundo. A NatSteel, por exemplo, que começou como firma de produtos industriais e de aço, entrou no setor eletrônico em meados da década de 1980 e vendeu a divisão em 1997, formando a NatSteel. Cingapura pode muito bem revelar-se uma localização efetiva e flexível para as CEMs, especialmente no caso de novos produtos e *designs* de protótipos. A Flextronics está montando grandes parques integrados na Europa e na América Latina. A sede de Cingapura apenas administra a cadeia global de fornecedores, enquanto o suporte técnico industrial é fornecido por centros independentes nos EUA, no Brasil e na Europa.[10]

Contudo, em comparação com outras localizações no Sudeste asiático, Cingapura tem custos fixos e de mão-de-obra relativamente altos. A Tailândia tem várias CEMs em operação, beneficiando-se do acesso a mão-de-obra barata e de alta qualidade, embora o controle das importações e outras regulamentações sejam vistos como fatores negativos pelas indústrias eletrô-

continua

[10] Informações baseadas em entrevista realizada por Norlela Ariffin.

nicas (*Electronic Business Asia*, July 1999, p. 40). As Filipinas têm custos baixos e regulamentações favoráveis às importações, mas carecem de infraestrutura para as CEMs.

As multinacionais, incluindo as da Malásia, vêem a China como centro em potencial para a manufatura em grande volume de produtos com pequena margem, tais como os eletrônicos. Devido às grandes dimensões do mercado, indústrias subcontratadas como a Solectron e a NatSteel têm planos de expansão na China.

Vale destacar a tendência de transferência da produção para mais perto dos mercados avançados. A Solectron, por exemplo, recentemente, transferiu sua produção de placas-mãe da Malásia para o México (Guadalajara), para ficar mais perto do mercado de usuários finais. Investiu também na Romênia, onde os níveis salariais se assemelham aos da China. Do mesmo modo, a NatSteel transferiu 15% da produção para a América do Norte e planeja abrir fábricas no México e na Hungria, para ficar mais perto dos usuários finais.

Mudanças na cadeia de valor e líderes da indústria eletroeletrônica regional e global

A cadeia de valor tem sofrido alterações constantes. Seja dentro de cada setor ou país, seja entre os setores ou países, novos concorrentes estão surgindo (Cisco Systems) enquanto empresas tradicionais ficam para trás (DEC) e outras conseguem se recuperar através de ousadas estratégias e novas combinações de atividades (Dell, IBM, AMD).

As 10 maiores empresas asiáticas (excluindo as do Japão) pro duziram equipamentos no valor de US$58,2 bilhões em 1999, enquanto as 100 maiores produziram US$114,3 bilhões — parcela bem pequena da produção mundial que é estimada em US$1,2 trilhão. Em comparação, as 10 maiores empresas japonesas produziram bens no valor de US$318 bilhões em 1998 — 5,5 vezes mais que as 10 maiores asiáticas.

Na região, o Japão é líder inconteste em produção, exportações e capacidade tecnológica. Além de fornecer bens de capital e componentes, o país é um importante contratante na região. Boa parte da produção coreana de artigos de consumo eletrônicos é subcontratada pelo Japão. As 10 maiores empresas não-japonesas são da Coréia do Sul e de Taiwan. A Samsung (com três companhias separadas) é a líder, produzindo bens no valor de US$28,6 bilhões (quase 50% da produção total das 10 maiores). Das 20 maiores empresas, oito são da Coréia do Sul, nove de Taiwan, duas de Cingapura e apenas uma de Hong Kong (*Electronic Business Asia*, Sept. 2000, p. 42).

A seguir, discutimos as experiências de produtores no setor de eletrônicos na Ásia e na região do Pacífico: Coréia do Sul, Taiwan, China, Filipinas, Indonésia e Vietnã.

❑ Coréia do Sul

O amplo envolvimento direto do governo nos negócios do *chaebol* nos anos 1960 e 1970 deu lugar à liderança empresarial nos anos 1980 e 1990, quando este ganhou maior estatura e capacidade (Kim, S. R., 1997; Hwang, 1998). Há poucos indícios de que a intervenção direta sob forma de programas de apoio à tecnologia no período pós-1980 tenha contribuído para o sucesso das exportações do *chaebol* ou alterado as estratégias das grandes indústrias eletrônicas. Em novas áreas como a de visores planos (componente essencial na eletrônica), as iniciativas governamentais foram ultrapassadas pela capacitação das empresas e o ritmo acelerado das mudanças tecnológicas (Linden et alii, 1998).

No setor eletrônico, assim como em outros, o governo coreano procurou exercer controle sobre importantes decisões do *chaebol*, tais como diversificação em novas áreas e investimentos no exterior. A tentativa não foi totalmente bem-sucedida. Nos anos 1980 e 1990, empresas como a Samsung continuaram a diversificar em áreas importantes. Nos últimos 20 anos, essas megaempresas adquiriram poderio industrial e experiência de mercado suficientes para tomar e executar decisões estratégicas, inclusive tecnológicas, independentemente do apoio governamental. Contudo, a recente crise econômica fez a balança pender novamente para o governo, que aproveitou a oportunidade para implementar vários programas de racionalização.

Em geral, no nível econômico, o governo sul-coreano garantiu estabilidade macroeconômica durante boa parte do período desde os anos 1960 e incentivou o desenvolvimento baseado nas exportações. A política governamental contribuiu para a forte concentração industrial e a integração vertical das empresas, tanto no setor eletrônico quanto em outros segmentos. Outros fatores também levaram à concentração industrial na Coréia, notadamente seus estreitos vínculos geográficos, coloniais e industriais com o Japão, graças aos quais esse país se tornou um modelo para as empresas e os dirigentes coreanos (Chibber, 1999).

Nas décadas de 1980 e 1990, a internalização das funções básicas no *chaebol* e a marginalização de SMEs foram um traço marcante da estratégia empresarial. Ao contrário do que ocorreu no Sudeste asiático, foram poucas oportunidades para expansão do investimento direto externo (FDI).

Porém, a visão do *chaebol* como concorrente verticalmente integrado, independente no mercado internacional, é ilusória. Em muitas áreas de produtos, essas empresas exercem uma estreita gama de atividades com base em suas vantagens de custo em tecnologia de processos. No tocante ao desenho de novos produtos e bens de capital, elas ainda dependem de fornecedores estrangeiros. Em muitas áreas importantes, como a de eletroeletrônicos, elas continuam a produzir através de relações OEM com grandes ETNs no exterior. Sob esses aspectos, o *chaebol* permanece retardatário, com escassa capacitação em pesquisa e desenvolvimento e dependente de uma estreita gama de competências em processos produtivos (Gee, 1989; Hobday, 1995; Mytelka & Ernst, 1998).

Na década de 1970, a maioria das ETNs estrangeiras retirou-se da Coréia quando o *chaebol* assumiu o controle da indústria eletrônica. Até recentemente, a Coréia tem permanecido praticamente fechada ao FDI no setor eletrônico. A exclusão de fato das empresas estrangeiras impediu o *chaebol* de formar alianças. Eles então adquiriram companhias no exterior (especialmente nos EUA), contando incorporá-las às suas organizações internas, mas tal estratégia freqüentemente esbarrou em dificuldades, em parte, por causa do estilo organizacional hierárquico comum às grandes firmas coreanas (Kim & Kim, 1989; Hwang, 1998).

O papel dos institutos públicos e o apoio direto governamental às empresas e à tecnologia foram talvez superestimados. O *chaebol* mostrou-se capaz de desenvolver a tecnologia necessária, seja internamente, seja adquirida de parceiros externos. A não ser em alguns casos excepcionais, as empresas pouco têm aproveitado a contribuição dos institutos públicos de pesquisa e desenvolvimento. A tecnologia de telefones celulares, a princípio, citada como exemplo de iniciativa governamental bem-sucedida (Heighes, 1998), agora é vista por empresas coreanas e observadores acadêmicos como desnecessária, tosca e ineficiente (Cyhn, 2000).

A principal estratégia tecnológica coreana tem sido a produção em massa de hardware. Em termos de exportações, ela foi bem-sucedida no passado e pode continuar a sê-lo no futuro. Com a nova demanda de hardware gerada pela Internet, o comércio eletrônico, as comunicações celulares e a TV digital, é improvável haver um desaquecimento nesse setor. Todavia, as estratégias do passado talvez sejam inadequadas para o país passar da produção de hardware ao desenho de sistemas, software e serviços — de modo que as empresas coreanas se equiparem à Cisco ou à Dell (Cawson & Kim, S. R., 1997).

As competências básicas das empresas coreanas, baseadas na eficiência da produção em massa, podem ser vistas como "inflexibilidades básicas" no contexto de outros mercados de rápido crescimento, onde essas empresas têm procurado entrar (Hwang, 1998). Além disso, o desenvolvimento de CEMs nas economias desenvolvidas leva a crer que o *chaebol* terá de enfrentar, agora, uma nova geração de concorrentes em hardware com tecnologias mais avançadas e vínculos mais estreitos com as marcas líderes no exterior.

Diante de tais problemas, as empresas coreanas começaram a forjar alianças estratégicas com ETNs estrangeiras na Coréia (a Anam e a Samsung formaram grandes empreendimentos com a Texas Instruments no ramo de semicondutores). Para atender à crescente demanda de equipamento sofisticado, a indústria procurou atrair para o país fornecedores de bens de capital dos EUA e do Japão. As políticas de proteção do mercado doméstico responsáveis pelo isolamento das firmas coreanas foram reformuladas, especialmente após o choque das crises de 1997-98.

❑ Taiwan

O caso de Taiwan contrasta acentuadamente com o da Coréia. A indústria eletrônica tem-se caracterizado por menor intervenção governamental, um setor de SMEs muito mais dinâmico e de maior capacidade empresarial. O país foi favorecido pela atividade dos empresários chineses, em geral, receosos da intervenção e dos planos governamentais. No setor eletrônico, assim como na economia em geral, o setor informal cumpriu papel importante, podendo ser dito o mesmo dos vínculos com ETNs estrangeiras, sobretudo, nos estágios iniciais de entrada no mercado e aquisição de tecnologia (Dahlman & Sananikone, 1990; Schive, 1990).

O Estado e a iniciativa privada estabeleceram várias parcerias importantes para o desenvolvimento de tecnologia avançada, especialmente no setor de semicondutores. Mas elas surgiram, principalmente, após a decolagem da indústria eletrônica (anos 1960 e 1970), sendo antes uma conseqüência (ou resposta política ao sucesso obtido) e não a causa do crescimento das exportações do país nesse setor. Ao contrário do que se pensa, não são muitas as evidências históricas de intervenção governamental bem-sucedida, especialmente, por meio do principal instituto tecnológico, o Instituto de Pesquisa Industrial e Tecnológica (ITRI). Mas não resta dúvida de que em determinadas áreas, como a de semicondutores, o ITRI contribuiu de alguma forma para o sucesso de firmas exportadoras. Trata-se, todavia, de um instituto muito grande (o maior existente nas economias recém-industrializadas), com mais de 5 mil funcionários e um vultoso orçamento. Atua em diversos campos tecnológicos, como automóveis, aviação, química e materiais, havendo ainda menos evidências de sucesso nessas áreas. Sem uma análise mais profunda é impossível fazer um julgamento correto do desempenho geral do ITRI no setor eletrônico ou em outras áreas.

O papel do ITRI foi importante por causa das exigências de intensividade de capital e escala da tecnologia de semicondutores, considerando o pequeno porte da maioria das empresas de Taiwan e sua limitada capacitação em pesquisa e desenvolvimento. Porém, nos últimos 10 anos, várias empresas de pequeno e médio portes cresceram o bastante para produzir semicondutores, sozinhas ou em parceria com firmas estrangeiras, sem buscar apoio do governo. Em outras áreas que não a de semicondutores (por exemplo, televisões, computadores e bens de consumo) ainda existem poucas evidências de sucesso na geração de tecnologia pelos consórcios promovidos pelos institutos governamentais, comparando com os produtos criados internamente nas empresas ou em colaboração com firmas estrangeiras. A análise do sucesso alcançado por Taiwan (e Coréia) na produção de visores planos mostra que o progresso nas exportações e na tecnologia pouco teve a ver com o apoio governamental.

De modo geral, a indústria eletrônica de Taiwan se desenvolveu graças sobretudo ao setor privado, inicialmente puxado por exportadores e SMEs (algumas das quais se tornaram grandes), além de alguns grandes grupos que se diversificaram em novas áreas de exportação (Tatung, Teco e Sampo). O governo de Taiwan, assim como o da Coréia, propiciou um bom sistema de ensino, estabilidade macroeconômica e apoio ao crescimento baseado nas exportações. Por motivos culturais e históricos, Taiwan desenvolveu uma estrutura industrial mais flexível, pluralista e reativa às mudanças que a da Coréia. Com pouco apoio governamental, grandes e pequenas empresas conseguiram desenvolver competência em processos e desenho de produto, geralmente valendo-se da tecnologia de seus compradores estrangeiros (Hobday, 1995). O mesmo ocorreu em outras indústrias exportadoras com alto índice de crescimento, como as de bicicletas e calçados, permitindo que empresas americanas como a Nike aproveitassem as vantagens oferecidas por Taiwan.

Empresas de Taiwan como Inventec e Acer demonstraram sua agilidade e flexibilidade ajustando-se às novas circunstâncias e fazendo grandes investimentos no exterior (sobretudo nos EUA, na Malásia e na China). Assim como na Coréia, as empresas de Taiwan formularam estratégias para passar do nível básico de OEM para a venda de suas próprias marcas nos grandes mercados, particularmente EUA e Europa. Algumas empresas (Acer, Tatung e Mitac) obtiveram algum sucesso, mas a maioria não, especialmente as muitas SMEs. Contudo, as empresas de Taiwan mostraram crescente capacitação em desenho de novos produtos e tecnologia computadorizada, valendo-se de seus estreitos vínculos com o Vale do Silício. A maioria das multinacionais líderes de marca depende agora dos modelos e componentes inovadores e de baixo custo das empresas de Taiwan. Estas empresas estão mais alinhadas com os mercados e as ETNs dos EUA do que as firmas coreanas, que tradicionalmente têm-se vinculado às empresas japonesas, em especial, no setor eletrônico.

As políticas governamentais e as estratégias empresariais configuraram a inserção de Taiwan nas redes de produção internacionais, com medidas de restrição (em certos casos) ao investimento externo direto e de incentivo à entrada em novos setores industriais. Nos últimos anos, a crescente capacitação das empresas locais permitiu ao país tirar partido das redes de produção internacionais no setor eletrônico.

❑ China

A China está tentando combinar estratégias ETN e OEM. A política de relativa abertura adotada em relação ao FDI consiste não só em impor restrições a certas empresas e países (como Taiwan), mas também em intervir nos tipos de propriedade (geralmente insistindo em *joint ventures* com firmas de Hong Kong). Apesar das restrições, o grande potencial do mercado chinês atraiu muitas ETNs dispostas a transferir tecnologia e fornecer treinamento.

A China dispõe de um vastíssimo contingente de mão-de-obra qualificada e de baixo custo, formada nas universidades e nos institutos de tecnologia do setor público. Empresas como a Inventec, de Taiwan, contrataram milhares de engenheiros de software chineses para desenvolver novos produtos a baixíssimo custo. As firmas retardatárias chinesas começaram a criar vínculos de subcontratação e *joint ventures* com ETNs estrangeiras, e muitas SMEs também estão sendo subcontratadas por indústrias eletrônicas de médio porte, em particular as de Hong Kong, que geralmente têm revendedores nos EUA e na Europa. A China está ampliando cada vez mais a sua rede internacional baseada em vínculos familiares e clânicos abrangendo numerosos países. Com a reintegração de Hong Kong em 1997, a China ganhou acesso privilegiado a investimentos, tecnologia e mercados, acelerando assim um processo iniciado há vários anos com a política de abertura.

A China parece estar seguindo o mesmo caminho de outros exportadores da Ásia-Pacífico, ao começar por setores com equipamento e tecnologia mais simples, embora, tenha planos ambiciosos para uma rápida modernização, visando reduzir a defasagem. Em meados da década de 1990, vários fabricantes locais de semicondutores formaram parcerias para a produção de *wafers* com empresas estrangeiras tais como Toshiba, Acatel, Intel, Samsung e Hitachi (Mathews & Cho, 2000), tendo o nono Plano Qüinqüenal (1997-2000) estabelecido como metas para exportação e desenvolvimento de tecnologia setores como os de circuitos integrados, visores planos, computadores, software e telecomunicações. Até certo ponto, o futuro da China dependerá de sua capacidade para melhorar a infra-estrutura industrial básica e do grau de liberdade concedido às firmas estrangeiras para se expandirem no país. Dependerá também de suas relações políticas com Taiwan (potencialmente o maior parceiro da China).

❑ Filipinas, Indonésia e Vietnã

Nos anos 1980, segundo Mathews e Cho (2000), as Filipinas tiveram fraquíssimo desempenho no setor eletrônico, mas na década seguinte o país experimentou um período de rápido crescimento, decorrente, sobretudo, do investimento direto feito por EUA, Japão e Taiwan. As empresas começaram pelo acondicionamento de circuitos integrados e pela montagem de bens de consumo, tal como haviam feito a Malásia e a Tailândia uma década antes. A nova zona industrial de alta tecnologia em Subic Bay, antiga base militar americana, poderá tornar-se, como Penang, um pólo de concorrência e colaboração entre indústrias eletrônicas. O governo de Taiwan está montando um parque tecnológico em Subic Bay para propiciar infra-estrutura às empresas do país que aí desejam investir.

Thee e Pangestu (1998) mostram como a Indonésia começou a exportar produtos eletrônicos em meados dos anos 1980, quando algumas empresas locais já haviam adquirido as competências necessárias à fase inicial de industrialização. Contudo, o declínio da economia em 1997/98 comprometeu seriamente tais avanços. Antes da crise, empresas estatais fabricavam produtos eletrônicos. As exportações (tal como em outros países do Sudeste asiático) eram feitas por subsidiárias de ETNs, em sua maioria baseadas em Jacarta e Java, que produziam bens intensivos em mão-de-obra, especialmente produtos e componentes industriais e eletrônicos mais simples. A instabilidade política é um problema, mas a burocracia governamental e, sobretudo, as complexas regulamentações alfandegárias na Indonésia também causam dificuldades. A intervenção direta do governo levou as empresas locais a envolverem-se em atividades especulativas, distorcendo um pouco o desenvolvimento do setor. Thee e Pangestu (1998) recomendam que o governo assuma uma atitude neutra em relação às empresas do setor, concentrando-se na infra-estrutura e na estabilidade macroeconômica. Observam, porém, que a substituição de importações e a ideologia estatal centralizadora estão profundamente arraigadas.

No caso do Vietnã, boa parte da indústria é de propriedade estatal, e as políticas recentemente adotadas visam, sobretudo, assegurar a sobrevivência dessas empresas. Segundo Ca & Ahn (1998), os maiores problemas no Vietnã são a elevada carga tributária, as regulamentações restritivas, a deficiência de recursos humanos e a incapacidade gerencial local. Pelo lado positivo, destacam o baixíssimo custo da mão-de-obra, que atraiu FDI; a diversificação da incipiente indústria eletrônica; e o desenvolvimento das associações mercantis. Nos anos 1990, as subsidiárias de ETNs foram responsáveis pelo rápido crescimento do setor de produtos eletrônicos e componentes de computador, propiciando, assim, uma importante base para o crescimento futuro.

5.2.1.1 Possíveis medidas estratégicas a serem tomadas

Indústria subcontratada

A continuar a tendência à terceirização, as indústrias subcontratadas em certas economias emergentes poderão ter um papel importante e, futuramente, contribuir para um crescimento mais acelerado do setor eletrônico.

É importante saber se as indústrias (empresas locais, *joint ventures* locais e subsidiárias estrangeiras) poderão continuar galgando a cadeia de valores e assim crescer em virtude do incremento da terceirização. Talvez seja possível usar a cadeia de fornecedores em proveito delas. Quem sabe, as empreiteiras locais terão real oportunidade para ingressar nessa atividade emergente e assim adquirir as tecnologias de automação necessárias para recuperar o atraso e desenvolver suas próprias vantagens específicas.

Com base nas entrevistas realizadas em empreiteiras na Malásia, apresentamos as seguintes sugestões, que servem não apenas para o contexto malaio, mas também para outras economias/áreas emergentes como o Brasil e, particularmente, Manaus.

- não há outra escolha senão concentrar-se em produtos com maior valor adicionado e nos quais o custo total desse valor é pequeno (digamos, 5%). Assim a mão-de-obra não será um fator decisivo na estrutura geral de custos;

- tirar proveito do elevado índice de automação das indústrias subcontratadas locais — onde o uso de capital é mais intensivo que o da mão-de-obra. Penang dispõe de amplos recursos técnicos para produção em massa automatizada;

- logística — proximidade do cliente e da cadeia de fornecedores — é uma área crucial que pode representar considerável vantagem na diferenciação de custos. Contudo, se os componentes e os materiais vierem da China, as empresas locais poderão perder essa vantagem logística;

- a eletroeletrônica da Malásia, particularmente Penang, é o centro de *ramp-up* para novos modelos ou linhas de produtos, e sua capacidade manufatureira é reconhecidamente de primeira classe. Por exemplo, Intel, Komag e Western Digital já delegaram à Malásia a responsabilidade pela fabricação de novos produtos. Todavia, quando se atingirem os níveis de eficiência de outros centros mundiais, o volume adicional poderá ser transferido para outros centros de grande volume;
- não adianta tentar competir diretamente com a China, com seu imenso mercado, sua política governamental e sua "fome"de investimentos. Assim, a indústria eletrônica malaia — e isto também serve para Manaus — deve procurar manter seu nicho de competências (por exemplo, como o mais eficiente centro de *ramp-up* para novos produtos) e buscar novos segmentos do mercado, como fotônica e óptica.

Fotônica

Penang, por exemplo, quer atrair para a Malásia investimentos de pequenas indústrias globais de fotônica. As empreiteiras locais, especialmente em Penang, têm competência em eletrônica, montagem de placas de circuito impresso (PCBA), maquinaria de precisão, galvanização, automação e moldagem por injeçao de plástico.

Em junho de 2001, algumas dessas empreiteiras formaram em Penang um consórcio para oferecer um contrato a indústrias de artefatos e componentes fotônicos do Canadá e dos EUA. São elas a AVI, Unico, BCM, Chahaya (manufatura), Eng Technology, Prodelcon, LBSB, Alpha Master (maquinaria de precisão), LKT, Greatech, Metfab (automação e *design* de máquinas), AmpMas (galvanização de precisão) e PSDC (treinamento).

A oportunidade reside no fato de que a atual capacidade de produção de artefatos fotônicos é essencialmente manual. O desafio para as empreiteiras locais é mostrarem capacidade de atender às indústrias fotônicas produzindo em massa e de forma automatizada artefatos e componentes fotônicos, como foi feito no caso dos semicondutores.

Telecomunicações — comunicação sem fios e óptica

Apesar do desaquecimento na Europa, ainda existem oportunidades na área de telecomunicações. As empreiteiras locais são muito pequenas em comparação com a Solectron ou a Flextronics. Assim, a estratégia é atrair clientes para SMEs nos EUA, onde essas grandes empreiteiras não se preocupam em servir.

O desafio para entrar no mercado de telecomunicações é a testagem. O investimento em testagem é alto, e a maioria dos equipamentos é muito específica para cada padrão de comunicação. Quando o volume é pequeno, o custo da testagem torna-se proibitivo. Quanto ao suporte técnico, certas corporações multinacionais na Malásia, como a Agilent, têm bons serviços de engenharia de testes em Penang. Assim, as empresas locais podem montar um esquema por meio do qual os clientes possam consignar ou pagar por determinado equipamento de testagem.

5.3 Comentários finais

Este livro examinou o processo de internacionalização de competências tecnológicas na indústria eletrônica a partir, principalmente, de evidências empíricas de empresas que operam em Manaus. O estudo revelou não apenas os diversos tipos e níveis de capacitações tecnológicas desenvolvidas e acumuladas nas empresas da amostra ao longo do tempo, mas também o papel dos diferentes processos de aprendizagem construídos e usados pelas empresas para o desenvolvimento de suas capacitações tecnológicas inovadoras. Fatores como a natureza do sistema regional e o local de inovação, a natureza e a dinâmica do setor industrial, além das características das políticas industriais e tecnológicas, influenciam o desenvolvimento de capacitações tecnológicas dentro das empresas. Porém, tais fatores poderiam ser examinados em estudos futuros.

Esperamos que as evidências e as análises geradas neste livro contribuam para enriquecer e avançar o debate sobre o processo de desenvolvimento de capacidade tecnológica na indústria eletrônica em Manaus, bem como para aprofundar e avançar entendimento sobre as implicações do desenvolvimento tecnológico e da inovação para o necessário aumento da competitividade internacional da indústria no Brasil.

Bibliografia

Alavi, Rokiah. *Industrialisation in Malaysia: import substitution and infant industry performance*. London and New York, Routledge, 1996.

Ali, Anuwar. *Malaysia's industrialisation: the quest for technology*. Singapore, Oxford and New York, Oxford University Press, 1992.

——— & Wong, P. K. Direct foreign investment in the Malaysian industrial sector. In: Jomo, K. S. (ed.). *Industrialising Malaysia: policy, performance and prospects*. London & New York, Routledge, 1993. p. 77-117.

Ariffin, N. The internationalisation of innovative capabilities: the Malaysian electronics industry. Brighton, Science and Technology Policy Research (SPRU), University of Sussex, 2000. (Tese de Doutorado.)

——— & Bell, M. Firms, politics and political economy: patterns of subsidiary-parent linkages and technological capability-building in electronics TNC subsidiaries in Malaysia. In: Jomo, K. S.; Felker, G. & Rasiah, R. (eds.). *Industrial technology development in Malaysia*. Routledge, UK,1999.

——— &. Figueiredo, P. N. Internationalisation of innovative capabilities and learning mechanisms in the electronics industry: evidence from Malaysia and Brazil and insights for industrial policy. In: Proceedings of the European network for industrial policy (Eunip) Conference, Abo/Turku, Finland, 2002.

Baptista, M. The consumer electronics industry in Brazil: current situation and outlook. In: Piragibe, C. (org.). *Electronics industry in Brazil: current status, perspectives and policy options*. Brazil, Center of Studies in Scientific and Technological Policy, Ministry of Science and Technology, 1988.

Bell, M. & Pavitt, K. The development of technological capabilities. In: *Trade, technology and international competitiveness*. Ul Haque, I.; Bell, M.; Dahlman, C.; Lall, S. & Pavitt, K. Washington, D.C., EUA, The World Bank, 1995. p. 69-101.

Ca, T. N. & Anh, L. D. Technological dynamism and R&D in the export of manufactures from Vietnam. In: Ernst, D.; Ganiatsos, T. & Mytelka, L. (eds.). *Technological capabilities and export success in Asia*. London, Routledge, 1998.

Cantwell, J. The globalisation of technology: what remains of the product cycle? *Cambridge Journal of Economics, 19*:155-74, 1995.

———. From the early internationalisation of corporate technology to global technology sourcing. *Transnational Corporations, 8*(2):71-92, Aug. 1999.

Cawson, A. & Kim, S. R. The Korean electronics industry: from semiconductors to multimedia. *InfoWin Bulletin*. May 1997. Disponível em: <http://www.infowin.org/ACTS/IENM/BULLETIN/06-1997/korea.htm>.

Chibber, V. Building a developmental state: the Korean case reconsidered. *Politics and Society, 27*(3):309-46, 1999.

Clark, K.B. & Wheelwright, S. C. *Managing new product and process development: text and cases*. New York and Ontario, The Free Press, 1993.

Cyhn, J. W. The political economy of technology development: a case study of Korea's. University of Oxford, 2000. (Ph.D. Thesis.)

Dahlman, C. J. & Sananikone, O. *Technology strategy in the economy of Taiwan: exploiting foreign linkages and investing in local capability*. The World Bank, 1990.

Danaraj, N. & Chan, K. T. An appraisal of corporate strategy and technology policy in Malaysia. Proceedings of MIER 1993. Kuala Lumpur, National Outlook Conference, Malaysian Institute of Economic Research, 1993.

Daniels, P. L. National technology gaps and trade — an empirical study of the influence of globalisation. *Research Policy, 25*:1.189-207, 1997.

De Meyer, A. Management of an international network of industrial R&D laboratories. *R & D Management, 23*(2):109-27, 1993.

Dosi, G. The nature of the innovative process. In: Dosi, G.; Freeman, C.; Nelson, R.; Silverberg, G. & Soete, L. (eds.). *Technical Change and Economic Theory*. London, Pinter, 1988.

Dunning, J. H. Re-evaluating the benefits of foreign direct investment. *Transnational Corporations, 3*(1):23-51, 1994a.

———. Multinational enterprises and globalization of innovatory capacity. *Research Policy, 23*:67-88, 1994b.

Dutrénit, G. B. *Learning and knowledge management in the firm. From knowledge accumulation to strategic capabilities*. Cheltenham, UK and Northhampton, MA, USA, Edward Elgar, 2000.

Figueiredo, P. N. *Technological learning and competitive performance*. Cheltenham, UK and Northampton, MA, USA, Edward Elgar., Inc., 2001.

Fleetwood, E. & Molleryd, B. Parent-subsidiary relationships in transnational companies: aspects of technical development and organization. *Int. J. Technology Management*. Special issue on strengthening corporate and national competitiveness through technology, 7(1/2/3):97-110, 1992.

Frischtak, C. R.; Guimarães, E. A.; Tigre, P. B. & Zonenschain, C. N. Viabilização da Zona Franca de Manaus. [s.l.], 1994. mimeog.

Gee, S. The status and an evaluation of the electronics industry in Taiwan. In: Development Centre Project, Technological Change and the Electronics Sector — perspectives and policy options for newly industrialising economies, OECD. Report... Paris, 1989.

George, V. P. Globalisation through interfirm cooperation: technological anchors and temporal nature of alliances across geographical boundaries. *International Journal. Technology Management, 10*(1):131-45, 1995.

Gerschenkron, A. *Economic backwardness in historical perspective*. Cambridge, MA, Harvard University Press, 1962.

Ghoshal, S. & Bartlett, C. A. Innovation processes in multinational corporations. In: Tushman, M. L. & Moore, W. L. (eds.). *Readings in the management of innovation*. 2nd ed. USA, HarperBusiness, 1987. p. 499-518.

Granstand, O.; Hakanson, L. & Sjolander, S. Internationalisation of R&D — a survey of some recent research. *Research Policy, 22*:413-30, 1993.

Gupta, Anil K. & Govindarajan, V. Organising for knowledge flows within MNCs. *International Business Review, 3*(4):443-57, 1994.

Guyton, L. Japanese FDI and the transfer of Japanese consumer electronics production to Malaysia. UNDP. Report... Malaysia, 1994.

Hagedoorn, J. Understanding the rationale of strategic technology partnering: interorganisational modes of cooperation and sectoral differences. *Strategic Management Journal, 14*:371-85, 1993.

Heighes, T. Latecomer CoPS industries: the case of the Korean mobile telecommunications systems industry. SPRU, University of Sussex, 1998. (Unpublished MSc Thesis.)

Herbert-Copley, B. Technical change in Latin American manufacturing firms: review and synthesis. *World Development, 18*(11):1.457-69, 1990.

Hobday, M. *Innovation in East Asia: the challenge to Japan*. Aldershot, England, Edward Elgar, 1995.

———. Understanding innovation in electronics in Malaysia. In: Jomo, K. S; Felker, G. & Rasiah, Rajah (eds.). *Industrial technology development in Malaysia: industry and firm studies*. UK, Routledge, 1999. p. 76-106.

Hwang, H.-R. Organisational capabilities and organisational rigidities of Korean chaebol: case studies of semi-conductor (DRAM) and personal computer (PC) products. SPRU, University of Sussex, 1998. (Ph.D. Thesis.)

Katz, J. Domestic technology generation in LDCs: a review of research findings. In: Katz, . (ed.). *Technology generation in Latin American manufacturing industries*. New York, St. Martin's Press, 1987.

Kim, D. K. & Kim, L. (eds.). *Management behind industrialisation: readings in Korean business*. South Korea, Korean University Press, 1989.

Kim, L. Imitation to innovation: the dynamics of Korea's technological learning. Boston, MA, Harvard Business School Press, 1997.

———. Crisis construction and organisational learning: capability building in catching-up at Hyundai Motor. *Organization Science, 9*(4):506-21, 1998.

Kim, S. Ran. The evolution of governance and the growth dynamics of the Korean semiconductor industry. England, Sussex University, Sussex European Institute (SEI), 1997. (Working Paper, 20.)

Lall, S. Technological capabilities and industrialization. *World Development, 20*(2):165-86, 1992.

———. *Malaysia's export performance and its sustainability*. Malaysia, Asian Development Bank & Economic Planning Unit, 1994.

Lim, L. Y. C. Technology policy and export development: the case of the electronics industry in Singapore and Malaysia. Netherlands, *UNU/Intech*, 21-23 June 1993.

Linden, G.; Hart, J.; Lenway, S. A. & Murtha, T. P. Flying geese as moving targets: are Korea and Taiwan catching up with Japan in advanced displays? *Industry and Innovation, 5*(1):11-33, 1998.

Lundvall, B.-A. Innovation as an interactive process: from user-producer interaction to the national system of innovation. In: Dosi, G. et. (eds.). *Technical change and economic theory*. London, Pinter, 1988. p. 349-69.

———. User-producer relationships, national systems of innovation and internationalisation. In: Lundvall, N.-A (ed.). *National systems of innovation: towards a theory of innovation and interactive learning*. London & New York, Pinter, 1992. p. 45-94.

Malaysia. Miti. *Second Industrial Master Plan 1996-2005*. Kuala Lumpur, Ministry of International Trade and Industry, 1996.

Mansfield, E. & Romeo, A. "Reverse" transfer of technology from overseas subsidiaries to American firms. *IEEE Transactions on Engineering Management, 31*(3):122-7, Aug. 1984.

———; Ropoport, J.; Schnee, J.; Wagner, S. & Hamburger, M. *Research and innovation in the modern corporation*. London, Macmillan Press, 1972.

———; Teece, D. & Romeo, A. Overseas research and development by US-based firms. *Economica, 46*:187-96, May 1979.

Mathews, J. A. & Cho, D. S. *Tiger technology: the creation of a semiconductor industry in East Asia*. Cambridge, Cambridge University Press, 2000.

Melto, D.; McMullen, K. & Wills, R. *Preliminary report: innovation and technological change in five Canadian industries*. Ottawa, Economic Council of Canada, 1980.

Mlawa, H. The acquisition of technology, technological capability and technical change: a study of the textile industry in Tanzania. SPRU, University of Sussex, 1983. (Unpublished Ph.D. Thesis.)

Mytelka, L. & Ernst, D. Learning, technological capability building and sustainable export growth. In: Ernst, Ganiatsos and Mytelka (eds). *Techno-*

logical capabilities and export success in Asia. London, Routledge, 1998. p. 325-35.

Noor, Abd Halim Mohd. Technological effort: a study of its influencing factors in MNCs and local firms in the electronics and electrical industries in Malaysia. Cardiff Business School, University of Wales, UK, 1999. (Ph.D. Thesis)

A nova cara do free shop. *Forbes Brasil* (3):62-6, 25 out. 2000.

Ostry, S. & Gestrin, M. Foreign direct investment, technology transfer and the innovation-network model. *Transnational Corporations, 2*(3):7-30, Dec. 1993.

Patel, P. Localised production of technology for global markets. *Cambridge Journal of Economics, 19*:141-53, 1995.

——— & Vega, M. Patterns of internationalisation of corporate technology: location versus home country advantage. *Research Policy, 28*:145-55, 1999.

Patton, M. Q. *Qualitative evaluation and research methods*. 2nd ed. Newbury Park, California, Sage, 1990.

Pavitt, K. & Patel, P. Technological strategies of the world's largest companies. *Science and Public Policy, 18*(6):363-8, Dec. 1991.

———. Is technological innovation now "globalised?" In: Phillimore, J. (ed.). *Local matters: perspectives on the globalisation of technology*. Murdoch, Australia, Murdoch University, ISTP, 1995. p. 1-9.

Penang Development News. Penang Development Corporation, Special edition,1992.

Prahalad, C. K & Doz, Y. L. *The multinational mission: balancing local demands and global vision*. New York, The Free Press, 1987.

Raffa, M. & Zollo, G. Sources of innovation and professionals in small innovative firms. *International Journal of Technology Management, 9*(3-4):481-96, 1994.

Rasiah, Rajah. Foreign capital and industrialisation in Malaysia. London and New York, Routledge, 1995.

Ring, P. S. & van de Van, A. Structuring cooperative relationships between organizations. *Strategic Management Journal, 13*:483-98, 1992.

Schive, C. *The foreign factor: the multinational corporation's contribution to the economic modernisation of the Republic of China*. Stanford, California, Hoover Institution Press, 1990.

Stead, H. The cost of technological innovation. *Research Policy, 5*(2), 1976.

Stewart, F. & James, J. Introduction. In: Stewart, F. & James, J. (eds.). *The economics of new technology in developing countries*. London, Frances Pinter, 1982.

Sturgeon, T. J. Turn-key production networks: a new American model of industrial organization? Cambridge, MA, Industrial Performance Center/ MIT, 2000. mimeog.

Thee, K. W. & Pangestu, M. Technological capabilities and Indonesia's manufactured exports. In: Ernst, D.; Ganiatsos, T. & Mytelka, L. (eds.). *Technological capabilities and export success in Asia*. London, Routledge, 1998.

Tigre, P. B. Business strategies in the Brazilian electronics industry. In: Piragibe, C. (org.). *Electronics industry in Brazil: current status, perspectives and policy options*. Brazil, Center of Studies in Scientific and Technological Policy, Ministry of Science and Technology, Nov. 1988.

UNDP. Technology transfer to Malaysia: electronics and electrical goods sector and the supporting industries in Penang. United Nations Development Programme (UNDP), 1994. (Reports Phase I & II).

Vernon, R. International investment and international trade in the product cycle. *Quarterly Journal of Economics, 80*(2):190-207, May 1966.

Yamashita, S. *Transfer of Japanese technology and management to the ASEAN countries*. University of Tokyo Press, 1991.

Zander, I. *The tortuous evolution of the multinational corporation — foreign technological activity in Swedish multinational firms (1890-1990)*. Stockholm School of Economics, Institute of International Business (IIB), Sweden, 1994.

———. Technological diversification in the multinational corporation — historical evolution and future prospects. *Research Policy, 26*: 209-27, 1997.

markgraph
Rua Aguiar Moreira, 386 - Bonsucesso
Tel.: (21) 3868-5802 Fax: (21) 270-9656
e-mail: markgraph@domain.com.br
Rio de Janeiro - RJ